UN PAUVRE A CRIÉ, LE SEIGNEUR L'ÉCOUTE

Sœur Emmanuelle

UN PAUVRE A CRIÉ, LE SEIGNEUR L'ÉCOUTE

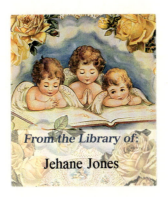

Éditions de l'Emmanuel

© Éditions de l'Emmanuel, 2005.
26, rue de l'Abbé-Grégoire, 75006 Paris

ISBN 2-915313-50-4

Préambule

En préambule, je demande au lecteur, avant même de commencer la lecture de ces pages, de se munir d'indulgence. Ce livre a été écrit par morceaux, en trois années, lorsque j'avais par hasard quelques heures libres. J'ai voulu le laisser tel quel dans son décousu, ses répétitions, ses leitmotivs parfois trop insistants et par le fait agaçants. D'abord, je ne trouverai pas de temps pour le corriger – ce qui serait un long travail – et ensuite ce livre se veut un livre de pauvre, donc imparfait, écrit pour ceux qui ont un cœur de pauvre : ces derniers trouveront, je l'espère, un écho de ce qu'ils ressentent en eux-mêmes...

À Dieu vat !

Introduction

Ce livre est dédié à ceux qui ne savent pas prier. La raison en est simple : moi-même, entrée dans la vie religieuse il y a plus de soixante-dix ans, je suis obligée de le reconnaître, je ne sais pas prier ! C'est vrai, ma prière est encombrée de distractions, souvenirs du passé, projets d'avenir... Disons tout : de pensées d'orgueil (ah ! comme je suis capable !), de vanité (on pense du bien de moi !), importance de mon nombril (égoïsme qui ne meurt jamais)... Où est Dieu dans tout cela ? Il est au cœur de cette misère que je lui offre, n'ayant rien d'autre à lui offrir ! Pour moi, c'est la prière du pauvre, de celui qui voudrait tant avoir de grandes envolées, avec une réponse au fond de son cœur, mais sa voix retombe dans le vide. Quand on ne trouve pas d'écho, à quoi sert de parler ? Qui saura trouver une réponse ? Je vais essayer de présenter la mienne.

Mais je tiens d'abord à faire remarquer qu'il fut un temps où, plus jeune, je savais « bien prier ». Je lisais les envolées des grands mystiques, je m'exaltais sur la route du paradis, j'étais ravie de Dieu et de moi... de Dieu qui remplissait mon âme de joie, de moi qui me laissais bercer au rythme de l'éternité. Ce genre de prière baigné de douceur et de consolation paraît parfois nécessaire aux débutants dans le service de Dieu ; on est comme porté sur la route ; prêt à tout supporter pour goûter le bonheur d'être uni au Seigneur du Ciel et de la terre.

Mais à travers les années, avec leur poids d'épreuves et de difficultés, l'euphorie de la prière baignée de joie s'est transformée en une sorte de vide où Dieu paraît absent. Auparavant le temps se montrait trop court pour goûter la relation avec le Seigneur, la Vierge, les saints du Ciel. Petit à petit dans un corps plus lourd à porter et avec la fatigue des jours, le temps fixé pour le colloque avec l'Au-delà devient parfois long, fastidieux même ; dans ces moments la prière est alors ressentie comme un monologue avec soi-même, plus qu'un dialogue avec l'Aimé. La tentation me vient alors d'abréger un temps qui paraît inutile, une prière dans le désert... prière dans le désert : saint Jérôme, une lumière des premiers temps de l'Église, était agenouillé une nuit de Noël (si je ne me trompe) avec un cœur froid, insensible. « Seigneur, murmure-t-il, je n'ai rien à te dire et rien à te donner. » Il lui parut alors qu'une voix lui disait : « Jérôme, donne-moi tes péchés. »

Nous sommes maintenant face à face avec le miséricordieux amour de Dieu. Comment il m'a fait découvrir le vrai sens de la prière, c'est ce que je vais tenter de décrire.

Prière de l'enfant

Pour suivre fidèlement la prière du pauvre, regardons d'abord l'enfant en prière : quoi de plus démuni, quoi de plus faible qu'un enfant ? Celui qui apprend sur les genoux de sa mère à murmurer : « Notre Père qui es aux cieux », reçoit avec simplicité une bénédiction supraterrestre. Les aléas de la vie le mènent peut-être à être plus préoccupé des choses d'ici-bas que de celles du Ciel ; pourtant, dans la maturité de l'âge, ce parfum de tendresse d'un Père divin peut renaître comme un baume adoucissant les blessures de l'existence. On se prend alors à murmurer à nouveau « Notre Père » et à lever les yeux vers l'infini du Ciel et son espérance.

L'enfant en prière. J'ai devant les yeux la célèbre toile représentant le petit Samuel à genoux, il répète avec simplicité les paroles que lui a conseillées le prophète Élie : « Parle, Seigneur, ton serviteur écoute. » Toute la vie de Samuel sera une reprise de cette invocation. Il gardera l'oreille attentive à la voix de Dieu, il restera le modèle de celui qui sait faire silence pour capter le souffle de l'Esprit et en rayonner le message. Cela suppose de ne pas avoir perdu la transparence des jeunes années !

L'enfant en prière. Qui n'a pas été ému, un jour ou l'autre, devant cette candeur. Un soir où j'avais assisté à la messe dans une chapelle, une toute petite fille était restée seule avec moi dans l'oratoire. Elle était à genoux, les mains jointes, les yeux levés vers la Vierge de Lourdes. Elle semblait être elle-même la petite Bernadette s'attardant à contempler une vision céleste. Le temps passait, elle restait là, son visage candide rayonnait de tendresse. Enfin, elle se leva, adressa un sourire à la Vierge et sortit. Je la suivis. « Tu aimes prier ? – Oh ! oui, répond-elle avec une délicieuse ferveur, je regarde notre maman du Ciel. - Et pour qui pries-tu ? – Pour grand-papa qui est malade. – Es-tu sûre que Marie va le guérir ? – Je ne sais pas, mais je suis sûre que la Vierge va l'entourer de son grand manteau de tendresse. C'est joli, n'est-ce pas ? » Et dans un sourire, elle courut rejoindre sa mère. Les années ont passé, je ne l'ai plus revue, a-t-elle gardé la fraîcheur de son colloque avec le Ciel ?

I
Prières de demande

La prière de demande est toujours la plus répandue, elle qui naît spontanément du cœur de l'homme affronté à son impuissance, devant tant de difficultés qu'il n'arrive pas à surmonter.

J'ai toujours dans la mémoire les descentes à la cave à Paris durant la guerre en 1917, lorsque les sirènes avertissaient que la « grosse Bertha » nous envoyait ses bombes. Entassés les uns sur les autres dans la crainte du danger qui menaçait les têtes, les gens priaient tout haut sans respect humain. Je n'avais alors que neuf ans, mais dans mon demi-sommeil, j'entendais les *Ave Maria* murmurés avec ferveur. Les sirènes se faisaient-elles entendre pour avertir que tout était fini, la prière s'arrêtait à l'instant : menace écartée, prière supprimée : est-ce cela la vraie relation avec Dieu ? À Istanbul, au matin des examens, les élèves se levaient plus tôt pour se précipiter dans les églises, y allumer un cierge : il allait brûler en leur nom pendant qu'elles répondaient aux questions et il devait leur obtenir les bonnes réponses.

J'ai lu quelque part ceci : au Moyen Âge, on trouvait au pied de la statue des saints des billets de ce genre :

« Saint X, je vous en supplie, aidez-moi à dévaliser sans encombre les gens de la rue. » Ou encore : « Faites que j'arrive à empoisonner mon mari sans qu'on s'en aperçoive. » Etc.

Et aujourd'hui encore, n'entendons-nous pas des gens appeler Dieu à leur aide avant l'exécution d'actes de barbarie ? Nous en sommes à juste titre scandalisés, sûrs que Dieu ne peut être que du côté du bien, du beau, du vrai.

Mais moi, je garderai jusqu'à ma mort le souvenir d'un soir de Noël où des amis m'envoyaient un S.O.S. : leur fille était mourante. Je file à l'hôpital. Nous avons passé toute la nuit de Noël, ses parents et moi, agenouillés autour du lit, suppliant le Seigneur d'avoir pitié de l'enfant qui haletait, dans l'impuissance des secours médicaux. Elle a été sauvée et est actuellement une heureuse mère de famille.

Nos familles

Une des prières qui naît naturellement à travers l'existence est la prière pour notre famille : quand un petit être pousse son premier cri en sortant de ses entrailles, la mère se sent poussée à murmurer : « Seigneur, bénis mon enfant ! » Jour par jour, au long des événements qui tissent la vie, combien de parents lancent vers le Très Haut : « Merci, mon Dieu », lors des premiers sourires, des premiers mots, des premiers pas... Quelle merveille qui appelle à chanter Dieu, celle du don d'un vivant, né de l'amour, et aussi quelles supplications devant les accrocs de santé, les petits ou grands problèmes jaillissant au hasard des événements.

Notre Dame des familles

La famille restera toujours le lieu le plus ordinaire pour que se nouent les liens avec « celui qui intercède sans cesse pour nous auprès du Seigneur, le Christ notre Frère ». La Vierge est, elle aussi, toujours présente pour nous venir en aide.

En 2003, j'ai reçu un petit fascicule, les *Annales d'Issoudun*, la revue de Notre Dame du Sacré-Cœur, éditée par la Fraternité du Sacré-Cœur à Issoudun. Je l'ai précieusement gardé, car il offre une suite d'appels à la Vierge, pour les différentes circonstances de la vie ; je les ai parfois adaptés d'après les problèmes.

Notre Dame des familles

Notre Dame,
le Seigneur t'a choisie pour Mère !

21

Tu nous accueilles,
comme une mère reçoit ses enfants.
Écoute notre prière pour nos familles...
Que leur soit donnée la grâce de vivre comme toi
dans l'amour de ton Fils :
qu'elles deviennent des lieux de foi,
de Bonne Nouvelle et de joie.

Notre Dame,
le Seigneur te voulut près de sa Croix !
Tu es présente aux heures douloureuses,
comme une mère pour ses enfants les plus faibles.
Écoute notre supplication pour nos familles...
Conduis-les à la Source d'Eau Vive
qui jaillit du Cœur de ton Fils :
qu'elles deviennent des lieux d'espérance,
de Bonne Nouvelle et de pardon.

Notre Dame,
le Seigneur te fait partager sa gloire !
Tu participes au bonheur de Dieu,
promis à toute la famille humaine.

Écoute notre prière pour nos familles...
Qu'elles deviennent des lieux de tendresse,
de Bonne Nouvelle pour le Royaume
de ton Fils qui, pour nous,
s'est fait homme par amour ! Alléluia ! Amen [1] !

---

1. *Annales d'Issoudun,* juillet-août 2003.

Notre Dame de l'avenir

Avec quel amour Marie a veillé sur le déroulement de l'existence de son Fils, le préparant à son avenir. L'un des plus grands soucis des parents n'est-il pas l'avenir de leurs enfants ? Aujourd'hui, les bulletins d'école deviennent à travers les années motifs de joie ou d'inquiétude. Quelle fierté lorsqu'ils apportent de bonnes notes, quelle alarme, quels reproches parfois véhéments lorsque le niveau baisse. Pour le renforcement des études, que de parents travaillent dur, par exemple pour des leçons particulières de tout genre ! Viendront ensuite les années d'université qui ouvriront à leurs enfants un avenir parfois supérieur à leur propre situation.

Notre Dame de l'avenir

Dieu t'a confié, Notre Dame,
l'enfant qui portait l'avenir du monde !

Tu l'as accueilli, attendu, formé dans l'amour.
Tu as veillé sur son enfance, avec Joseph,
lui apprenant à marcher, à parler, à travailler,
et même à prier comme un homme...

Tu as su lui demander
pourquoi il t'avait tant fait souffrir
en restant au Temple à douze ans.

Tu as su le rendre attentif
à la gêne des époux de Cana.

Tu as su le laisser partir un jour
à sa tâche de Sauveur.

23

Mais alors, Notre Dame,
il t'a confié pour enfants tous les hommes !

Apprends-nous donc, *notre Mère,*
ce qu'il faut faire, ce qu'il faut dire,
quand et comment être présents,
attentifs mais discrets,
pour que nous sachions, à notre tour, assurer...
un avenir à chaque enfant ! Amen [2] !

Nos adolescents

Souvent les problèmes se compliquent avec les adolescents (pas en Afrique, en Europe s'entend). Ils deviennent agressifs, ruent dans les brancards, réclament à grands cris leur liberté... parfois commencent à goûter à l'alcool, à la drogue. Ils refusent d'accompagner leurs parents à la messe du dimanche. Ceuxci restent désemparés, impuissants (ringards !). La route à suivre n'est pas facile : tout permettre, c'est la porte ouverte aux pires déviations ; lutter pied à pied, c'est l'enfer à la maison. La prière peut-elle être un adjuvant ? Fait-elle parfois des miracles ? Une confidence m'a été faite à ce propos : « Mon fils se saoulait souvent, rien n'arrivait à le guérir. Nous étions, mon mari et moi, à bout d'arguments et de patience. Régulièrement mis à la porte, jurant qu'il ne toucherait plus un verre. Mais bientôt il nous réveillait au petit matin, complètement ivre. Finalement, désespérée, je suis partie à Lourdes. J'ai supplié la Vierge :

---

2. *Annales d'Issoudun,* juillet-août 2003.

" Marie, je n'en peux plus, je vous confie mon enfant. Il ne m'appartient plus, il est à Vous, guérissez-le." Peu de temps après, notre fils a fait une rencontre qui a changé sa vie : il devint éperdument amoureux d'une charmante fille et pour la conquérir il accepta une étonnante sobriété. Il se remit aux études, réussit ses examens, trouva un bon travail, se maria et est maintenant un heureux père de famille. »

Une de mes amies, divorcée, priait désespérément, elle aussi, pour son fils, parti chez son père où, plutôt que de se rendre au lycée, il passait son temps à boire et se droguer en douteuse compagnie. Elle et moi, nous nous unissions pour supplier Dieu pour lui. Elle reçoit un jour un appel désespéré au téléphone, il est au fond de l'abîme, au bord du suicide. Elle accourt à Paris, le ramène en catastrophe. Le dimanche qui suit, elle se prépare à assister à une ordination sacerdotale dans un groupe charismatique. Soudain, son fils l'interpelle : « Maman, je t'accompagne. » Fasciné par la liturgie et la joie de tous, il déclare à sa mère : « Je ne veux plus partir à Paris, mais rejoindre immédiatement ces jeunes bondissants de vitalité. » Depuis, il a changé de vie.

Notre Dame des ados

Pourquoi Jésus est-il resté en ville sans prévenir ?
On n'aurait jamais pensé ça de lui, Notre Dame.
C'était un jeune à qui vous faisiez confiance,
Joseph et toi, car il était, dit l'Évangile :
soumis, grandissant en âge, en taille et en sagesse...

Pourquoi vous a-t-il fait cela,
sachant bien qu'il vous ferait souffrir ?

Qu'est-ce qu'il voulait « dire » par sa fugue,
et que vous n'avez pas compris ?

Quand nos jeunes
veulent « s'affirmer », Notre Dame,
nous ne comprenons pas plus que Joseph et toi !
Et nous souffrons tant d'angoisses...
Aide-nous donc, Notre Dame, à chercher,
chaque jour,
comment renouer le dialogue,
comment montrer que nous faisons
encore confiance,
et comment faire comprendre
que nous voulons seulement,
malgré nos maladresses,
aider à grandir ?...

Prie pour nos ados, Notre Dame,
et pour tous les ados.
Mais prie aussi pour nous, Notre Dame.

Nos malades

Chaque famille se trouve un jour blessée, écrasée
par la maladie d'un de ses membres. Surtout s'il s'agit
d'un enfant. Que de parents ont vu fondre peu à peu
leurs ressources, en médecins, remèdes en tout genre,
voyages à l'étranger, pour finalement perdre tout
espoir de guérison. Seuls ceux qui sont passés par là
vous diront qu'il est impossible de traduire en mots les
supplices de voir un aimé souffrir sous ses yeux : on
serre une main moite, on garde le regard sur des yeux
à demi fermés, on scrute si un souffle soulève encore

la poitrine. Tout espoir humain devient vain ; étant perdu, il reste cependant une étoile qui, elle, jamais ne s'éteint : lever les yeux vers Marie, c'est faire pénétrer dans le cœur endolori comme une brise céleste.

Notre Dame des malades

Ô Marie,
reste au chevet de tous :
ceux qui, à cette heure,
ont perdu connaissance et vont mourir ;
ceux qui viennent de commencer leur agonie ;
ceux qui ont abandonné tout espoir de guérison ;
ceux qui crient et pleurent de douleur ;
ceux qui ne parviennent pas
à se soigner faute d'argent...

Ô Marie,
sois présente à tous nos malades,
à ceux qui voudraient tant marcher
et qui doivent rester immobiles ;
ceux qui devraient se coucher
et que la misère force à travailler ;
ceux qui cherchent en vain, dans leur lit,
une position moins douloureuse ;
ceux qui passent de longues nuits
à ne pouvoir dormir...

Ô Marie,
réconforte ceux dont l'âme est torturée
par l'angoisse et les soucis
d'une famille en détresse ;
ceux qui doivent renoncer
à leurs plus chers projets ;

ceux qui ne croient pas à une vie nouvelle ;
tous ceux qui ne savent pas que ton Fils
a souffert comme eux... et pour eux.

Ô Marie,
aide-nous à rester, nous aussi, avec toi
proches de tous,
et dévoués à tous. Amen !

La vie quotidienne

Sans vouloir aller dans l'abîme de la douleur, il reste que la vie de tous les jours offre dans sa monotonie une répétition d'heures lourdes qui peuvent mener aux portes de la dépression. Les problèmes parfois se multiplient : les chômeurs jeunes sont rejetés pour leur inexpérience, ceux qui ont la chance d'avoir du travail doivent souvent lutter âprement pour se maintenir à flots, ceux qui, à la quarantaine ou à la cinquantaine, perdent leur emploi pour l'une ou l'autre raison sont rejetés à cause de leur âge ; un arrêt de maladie prolongé peut se terminer par un licenciement... et voilà des millions d'êtres humains souffrant de leur inactivité et du mépris de leur environnement, spécialement familial.

Même dans une famille où tout se déroule bien, les difficultés de tout genre, la fatigue du corps, le stress ne manquent pas. Garder sans cesse le sourire n'est pas évident ! Nous le savons tous, c'est dans un amour profond, authentique, qui cherche le bonheur des autres autant que le sien, que se trouve la force de tenir à tout prix. On arrive alors à dédramatiser les événements en les regardant à travers le Christ, en s'appuyant sans trêve sur une prière confiante.

Notre Dame de tous les jours

Notre Dame, tu as connu
durant tant d'années,
la vie de tous les jours,
les soucis de toutes les mamans,
les travaux de toutes les épouses,
dans un petit village méprisé...

Mais il y eut, Notre Dame, tant d'amour :
en tant d'humbles services,
en tant de psaumes sans cesse répétés,
en tant de gestes toujours à refaire :
la vraie vie, Notre Dame !...

Une vie chargée d'amour
qui préparait ta dernière offrande,
puis ta présence à l'Église naissante,
avant la gloire et le repos auprès de ton Fils...

Prie pour nous, Notre Dame,
au jour le jour de nos petits quotidiens. Amen !

Le pardon

Sur notre planète, quel est l'homme qui n'a pas reçu un jour ou l'autre quelques blessures de ses semblables ? Légères ou profondes, elles laissent des cicatrices légères ou profondes, parfois jusqu'à la mort. Le pardon est-il nécessaire ? Est-il possible dans tous les cas ? Comment prier pour l'obtenir ? Dieu qui veut toujours le bonheur de l'homme donne toujours une place capitale au pardon. Dans la seule prière que

Jésus nous ait apprise, il nous fait demander à son Père : « Pardonne-nous, comme nous pardonnons », note redoutable qui pourrait parfois signifier : « Ne nous pardonne pas, comme nous ne pardonnons pas. »

Mais pourquoi Dieu veut-il que nous assimilions notre cœur au sien ? Peut-être d'abord pour nous permettre d'être sûrement absous de nos offenses : il nous suffit de passer simplement l'éponge sur celles que nous avons reçues... Perche tendue pour nous aider à nous libérer d'un poids qui, lorsque nous nous en plaignons sans cesse, provoque une amertume tueuse de joie. Lorsqu'un jour je ressassais auprès d'un ami un affront reçu, il me répondit seulement : « Êtes-vous heureuse ? – Oh ! certes non, je grince des dents à chaque fois que j'en parle. – Eh bien, n'en parlons plus ! » Bon conseil, mais pas facile ! Doucement chaque fois, j'ai tout de même laissé tomber, et n'en parlons plus.

Il suffit en effet à chaque *Notre Père* de dire dans son cœur : « Père, je lui pardonne, donc pardonne-moi aussi ! »

Il me souvient aussi, dans l'un des collèges où j'enseignais, d'avoir été souvent exaspérée par la maîtresse de discipline, qui n'arrêtait pas de gronder mes élèves pour ce que je considérais comme des peccadilles. À cette époque lointaine, on exigeait le silence dans les rangs, au réfectoire, partout... J'ai trouvé complètement ridicule de punir celles qui y contrevenaient ! Là-dessus passe la supérieure, en visite de la maison. Je le lui avoue : « Je ne peux plus supporter cette sœur ! J'évite même de lui parler. Elle a un sens exaspérant de la discipline ! » La réponse me vint dans un sourire : « C'est naturel, vous êtes aux antipodes. Elle exagère sans doute, mais d'autre part si vous rendez vos élèves heureuses, ne manque-t-il pas un peu de discipline dans votre classe ? – C'est vrai, ma Mère, mais je n'arrive pas à être un peu gentille avec cette maîtresse. – Bien sûr, avec votre tempérament, c'est impossible ! – ? – Mais attention, sœur Emmanuelle, le Christ auquel vous appartenez de tout votre cœur n'aime-t-il pas votre sœur ? – Oui, sans doute, c'est une sœur fidèle à ce qu'elle considère comme son devoir, elle est toujours prête à rendre service à tout le monde. Mais ce qu'elle peut être exaspérante avec ce qu'elle appelle le "sacré" règlement ! – Seule, ce que vous n'arriverez jamais à faire, le Christ, en vous, avec vous, peut le réaliser. Vous ne priez pas assez, sœur Emmanuelle ; priez pour cette sœur, demandez au Seigneur de faire couler en vous son amour pour elle, tout simplement. Et puis, n'oubliez pas le Père Ratisbonne (notre fondateur) qui disait d'offrir à Dieu vos blessures pour ceux qui vous les ont causées... Question de volonté. Et, ajoute-t-elle avec un sourire, question d'amour. » J'ai essayé de suivre ces précieux conseils. Cela a mieux marché ! Quand j'ai été appelée dans une autre maison, j'entends encore la maîtresse de discipline me dire : « Comme je vous regrette, sœur Emmanuelle. » Ma foi, cela m'a chatouillé le cœur. « Merci, Seigneur, toi seul fais des miracles. Jamais sans toi, je n'y serais arrivée. » Elle est partie avant moi vers la Maison du Père, où nous nous retrouverons dans la joie.

Notre Dame du pardon

– Pardonner, ce n'est pas évident, Notre Dame.
Car il ne s'agit pas de tricher
avec sa mémoire et sa souffrance,
car on ne peut les commander, Notre Dame,
même si l'on te prie avec le *Souvenez-vous*.

– Pardonner, c'est essayer de te tenir
avec moi sous la Croix,
où mon Fils attire tous les hommes
pour leur pardonner et leur apprendre à aimer,
avec son Cœur blessé et son Esprit transmis.

Pardonner, sache-le, c'est surtout se laisser aimer
jusqu'à ce que l'Amour du Très Bon te traverse.
Cet Amour atteindra celui qui te fait mal,
pour que tu ne lui rendes pas le mal pour le mal,
parce que c'est d'abord cela le Pardon.

– Notre Dame, aide-moi à ne pas rendre le mal,
même si je continue d'y penser
même si je continue d'en souffrir.

– Donne-moi ton ressentiment,
je veux le plonger dans le Cœur blessé de mon Fils,
il pardonnera à ton offenseur
et il effacera toutes tes fautes.

– Notre Dame, aide-moi, aide-moi fort,
pour que j'arrive à t'offrir ma blessure
pour celui qui m'a fait mal
afin que nous nous retrouvions tous les deux
dans la joie de ton cœur.

La solidarité

Il n'est pas un jour ici-bas où nous n'entendions quelque lugubre récit de violence, massacre, pédophilie, alcoolisme et drogue en tout genre, qui attaque les victimes les plus inattendues et parfois nos propres enfants.

On se sent impuissant devant tous ces excès... Et pourtant, il est toujours à notre portée de prendre dans notre prière « ceux qui meurent et ceux qui font mourir », selon le cantique, « ceux qui souffrent et ceux qui font souffrir ».

Paradoxalement, Socrate ose déclarer par la bouche de Platon que celui qui torture son ennemi enfermé dans un taureau d'airain sous lequel un feu est allumé [3] est plus malheureux que sa malheureuse victime. Le criminel n'est-il pas encrassé dans le mal alors que sa victime devient, dans un sens, illuminée dans le bien ?

La solidarité, même dans les actions les plus simples, a une force qui soulève le monde... Prier le Seigneur pour l'obtenir peut transformer une existence.

Notre Dame de la solidarité

Notre Dame, souviens-toi :
à la naissance de ton Fils
pour que la joie sur terre soit parfaite
ton cœur de Mère s'est uni aux anges dans le Ciel :
paix aux hommes aimés par Dieu !

À Cana, pour que la joie des noces
ne soit pas altérée par des chopines vides
tu as demandé à ton Fils
de métamorphoser l'eau en vin.

Au pied de la Croix
Jésus, qui voulait que tous les hommes
aient une mère,
t'a demandé d'accepter comme tes enfants

---

3. Comme avait coutume de le faire Phalaris, tyran d'Agrigente, aux dires de Platon.

Jean et l'humanité.
À cet instant, Notre Dame,
tu nous a tous pris dans ton cœur.

Le soir de Pâques,
où naissait un monde nouveau,
tu as prié, Notre Dame,
Pour tes enfants qui sur terre
souffrent comme toi et ton Fils avez souffert.
Que tes enfants entrent un jour avec lui
dans sa bienheureuse Résurrection.

Aujourd'hui, Notre Dame,
nous te prions
pour ce monde, marqué par la haine et l'injustice :
que partout se répandent des îlots d'harmonie
et de solidarité.

Aide chacun de nous, Notre Dame,
à tisser des liens de paix
avec le fil d'or du sourire et de l'amour.

Vie ou mort

Il est un problème douloureux devant lequel tant de femmes se trouvent acculées, lorsqu'elles portent dans leur sein un enfant non désiré : jeune encore à l'école, femme aux ressources limitées, qui craint une bouche de plus à nourrir, mari qui refuse obstinément la venue d'un enfant (« ou lui ou moi »), santé fragile pour laquelle une grossesse serait dangereuse, et nombre de circonstances qui font d'une nouvelle naissance un épouvantail.

J'ai lu, il y a quelques années, une lettre de Jean-Paul II adressée « à mes sœurs les femmes ». Une chaleureuse compréhension animait chaque page. Au sujet de l'avortement, le pape se montrait particulièrement affectueux. Il parlait entre autres des pressions subies qui forcent pour ainsi dire les futures mères à anéantir le fruit de leurs entrailles : « Comme je vous comprends, mes sœurs... Demandez simplement pardon au Dieu de miséricorde qui vous aime. » Le pape invite seulement à la prière. Les médias n'ont pas diffusé ces pages !

Au Canada on invite les femmes qui ont avorté à donner un nom au bébé qu'elles ont fait disparaître, à converser avec lui comme membre de la famille... manière de faire le deuil, d'abolir leurs remords. Il me semble que le conseil du pape doit avoir une meilleure efficacité, lui qui proscrivait à tout prix l'avortement.

Parmi tant de confidences reçues, il m'est arrivé d'entendre des sanglots de telle ou telle, me racontant comment elle avait avorté. C'était parfois trente ou quarante ans auparavant : et cela semblait s'être passé hier.

Une infirmière, chargée des avortements, me racontait que chaque réveil, sans exception, s'accompagnait de larmes.

À l'autre extrémité de l'existence, l'euthanasie pose, elle aussi, un problème. Quand un humain tombe dans un mal irréversible, dans une atroce souffrance et supplie qu'on abrège sa vie, que lui répondre ? Marie de Hennezel, éminente spécialiste des soins palliatifs, m'a affirmé ceci : « J'ai reçu de nombreuses personnes, tordues de douleur, qui suppliaient en arrivant à la clinique qu'on les fasse mourir ; dès qu'elles se sentaient entourées d'une chaude affection, et de soins adaptés à leur cas, elles ne parlaient plus de mort, et ceci je l'affirme sans aucune exception. Il s'agit simplement de leur donner du temps, de les écouter, de compatir, d'aimer chacun et chacune tels qu'ils sont. On ne parle plus d'euthanasie. » Marie de Hennezel citait même un mourant qui avait pu repartir guéri, remerciant de ce qu'on ne l'avait pas aidé à mourir mais à vivre. Et pour ceux qui le désirent, une prière doucement murmurée près d'eux est un grand réconfort. J'avais ainsi été appelée par un ami qui vivait ses derniers jours. Assise près de son lit, j'ai commencé à dire en silence mon chapelet. Mais parfois, je lui prenais la main, et je disais un peu plus haut, mais à voix modérée : « Sainte Marie, Mère de Dieu, priez pour nous, pauvres pécheurs, maintenant et à l'heure de notre mort. Ainsi soit-il. » Un léger mouvement de sa main dans la mienne me disait son union dans la prière. J'ai aussi remarqué que ceux qui ne craignent pas d'appeler un prêtre procurent un grand soulagement à leur malade.

La présence de la prière ne peut être que consolation.

Notre Dame de la vie

Ô Marie,
aurore du monde nouveau,
Mère des vivants,
nous te confions la cause de la vie :
regarde, ô Mère, le nombre immense
des enfants que l'on empêche de naître,
des pauvres pour qui la vie est rendue difficile,
des hommes et des femmes
victimes d'une violence inhumaine,
des vieillards et des malades tués par l'indifférence
ou par fausse pitié.

Fais que ceux qui croient en ton Fils
sachent annoncer aux hommes de notre temps,
avec fermeté et amour,
l'Évangile de la vie.

Obtiens-leur la grâce de l'accueillir
comme un don toujours nouveau,
la joie de célébrer avec reconnaissance
dans toute leur existence,
et le courage d'en témoigner
avec une ténacité active, afin de construire,
avec tous les hommes de bonne volonté,
la civilisation de la vérité et de l'amour,
à la louange et à la gloire du Dieu Créateur,
qui aime la vie !

Jean-Paul II [4]

Silence apparent de Dieu devant la souffrance

Il s'agit de s'attarder quelque peu sur un des grands mystères qui nous laissent le plus désorientés : Dieu serait-il indifférent ? La foi nous dit cependant que Dieu nous a créés avec tendresse pour notre bonheur. La Bible nous présente le Seigneur Dieu créant l'homme pour le placer dans l'Éden, jardin de verdure et de fruits qu'il lui offre avec la terre entière ; où il ne lui était demandé que d'en être le gardien et d'en favoriser la culture. À la brise du soir, Dieu venait parler

---

4. Encyclique *Evangelium vitae*, n° 105. Cité dans les *Annales d'Issoudun*, juillet-août 2003.

avec lui. Une seule chose lui était demandée : ne pas toucher à l'arbre de la science du bien et du mal, science redoutable conduisant à la mort ! Mais l'Esprit mauvais tente Ève, la femme d'Adam, à cueillir ce fruit qui lui permettra de « devenir comme des dieux, de connaître le bien et le mal ». (Gn 3, 5). Et Ève en mangea et en donna à son mari. Sous ce récit symbolique, apparaît toute la nature humaine : vouloir être le maître suprême de ses actions, décider à soi seul de sa propre morale. Nous voyons, maintenant comme à travers les siècles, quelles catastrophes font jaillir ceux qui se veulent arbitres suprêmes du bien et du mal !

En face de cette humanité perdue, que fait le Seigneur d'amour et de compassion ? Il nous envoie son Fils partager nos douleurs et notre mort pour nous entraîner vers sa résurrection. Uni corps et âme à l'humanité, Jésus sur la Croix lance son appel angoissé : « Mon Dieu, mon Dieu, pourquoi m'as-tu abandonné ? », prière redite par le croyant quand la douleur l'étreint à son tour... mais il ajoute, toujours avec le Christ en croix : « Père, je remets mon âme entre tes mains. » C'est seulement en s'unissant au Christ qui souffre que le chrétien trouve un sens à ses jours d'agonie. Il participe à la montée de l'humanité vers la vraie vie, éternelle, hors des souffrances du temps. Avec l'aide de la Vierge, tout devient possible, trouve son aboutissement.

Au Dieu créateur et Père de tous les hommes,
redis, Notre Dame,
notre soif d'être consolés dans nos maux.
Penche-toi vers nous,
bannis de nos cœurs tout sentiment de désespoir.

Aide-nous à résister à tout sentiment de vengeance
qui nous pousse à déchirer
celui qui nous a fait souffrir.
Sauve-nous du désir de nous imposer, dominer,
asservir.

Nous t'en prions, Notre Dame,
Mère donnée à tous les hommes par le Christ
« élevé de terre pour les attirer tous »,
obtiens pour tes enfants
de s'engager résolument dans la voie de l'Amour,
plus préoccupés de consoler que d'être consolés.

Conduis-nous, Notre Dame,
à la source d'eau vive qui jaillit de ton Fils
pour que nos souffrances,
plongées dans son Cœur,
soient emportées vers la Demeure
« où il n'y aura plus de peine, plus de cri,
car le Seigneur lui-même essuiera
toute larme de leurs yeux » (Ap 21, 4).

Qui est Dieu ?

Il serait sans doute bon de se poser ici la question capitale : qui donc est Dieu ?

Saint Grégoire de Naziance, Père de l'Église des premiers siècles, après des études très poussées de philosophie, puis de théologie à Athènes, devint moine. Nommé contre son gré évêque de Constantinople, la capitale somptueuse, il y renonça pour se consacrer librement à la contemplation divine. Le fruit de ses méditations se trouve dans cette hymne :

L'Au-delà de tout

Ô toi, l'Au-delà de tout,
n'est-ce pas tout ce qu'on peut chanter de toi ?
Quelle hymne te dira, quel langage ?
À quoi l'esprit s'attachera-t-il ?
Tu dépasses toute intelligence.
Seul, tu es indicible,
car tout ce qui se dit est sorti de toi.
Seul, tu es inconnaissable,
car tout ce qui se pense est sorti de toi...
Tout ce qui demeure demeure par toi ;
en toi subsiste l'éternel mouvement...
Ô toi, l'Au-delà de tout,
n'est-ce pas tout ce qu'on peut chanter de toi ?

Le jour où j'ai lu ce texte est à marquer avec une pierre blanche, comme faisaient les Anciens pour les jours porteurs de merveilles ! On aurait dit qu'un voile se déchirait devant mes yeux : mon esprit, préoccupé de recherches, raisonnements pour arriver à comprendre Dieu, saisissait, comme dans un éclair, la radicale impossibilité de comprendre (du latin *comprehendere*, saisir dans son ensemble) Celui qui est « indicible », « dépasse toute intelligence ». Dans quelle trompeuse illusion j'étais tombée, persuadée qu'à force d'acharnement j'arriverais un jour enfin à percer le mystère du Dieu créateur « de l'universel mouvement ». Pour m'approcher de « l'inconnaissable », je devais renverser la vapeur : accepter une fois pour toutes de me trouver devant un « Au-delà » qui dépasse radicalement mon intelligence humaine : Celui qui est « Au-delà » est d'une telle transcendance qu'il n'est d'autre manière de l'atteindre que de mettre ma main sur ma bouche comme Job (cf. Jb 40, 4) et de me prosterner en silence devant Celui dont « est sorti tout ce qui pense ». Ce jour-là, mon cœur a tressailli de joie : lui, l'Être des siècles sans fin, a voulu que l'homme sorti de rien entre en colloque avec lui, le Tout-Autre ! Chante, ô mon âme et contemple dans ta pauvreté « l'Au-delà » de Dieu !

Moins philosophique que l'hymne de saint Grégoire, le cantique de Servel a exercé aussi sur moi son impact :

Qui donc est Dieu pour nous aimer ainsi ?

Qui donc est Dieu pour nous aimer ainsi
 fils de la terre ?
Qui donc est Dieu, si démuni, si grand,
 si vulnérable ?

Qui donc est Dieu pour nous aimer ainsi ?

Qui donc est Dieu pour se lier d'amour
 à part égale ?
Qui donc est Dieu s'il faut pour le trouver
 un cœur de pauvre ?

Qui donc est Dieu pour nous aimer ainsi ?

Qui donc est Dieu, s'il vient à nos côtés
 prendre nos routes ?
Qui donc est Dieu qui vient sans perdre cœur
 à notre table ?

Qui donc est Dieu pour nous aimer ainsi ?

Qui donc est Dieu que nul ne peut aimer
 s'il n'aime l'homme ?
Qui donc est Dieu qu'on peut si fort blesser
 en blessant l'homme ?

Qui donc est Dieu pour se livrer perdant
    aux mains de l'homme ?
Qui donc est Dieu qui pleure notre mal
    comme une mère ?

Qui donc est Dieu pour nous aimer ainsi ?

Qui donc est Dieu qui tire de sa mort
    notre naissance ?
Qui donc est Dieu pour nous ouvrir sa joie
    et son royaume ?

Qui donc est Dieu pour nous aimer ainsi ?

Qui donc est Dieu pour nous donner
    son Fils né de la femme ?
Qui donc est Dieu qui veut à tous ses fils
    donner sa mère ?

Qui donc est Dieu pour nous aimer ainsi ?

Qui donc est Dieu pour être notre Pain
    à chaque cène ?
Qui donc est Dieu pour appeler nos corps
    jusqu'en sa gloire ?

Qui donc est Dieu pour nous aimer ainsi ?

Qui donc est Dieu ? L'Amour est-il
    son nom et son visage ?
Qui donc est Dieu qui fait de nous ses fils
    à son image ?

Qui donc est Dieu pour nous aimer ainsi ?

Qui peut expliquer pourquoi certaines paroles ont un impact particulier sur vous ? Il serait difficile de compter le nombre de fois où j'ai lu, relu et encore relu celles-ci ! Elles m'apportent toujours comme un souffle de paradis !

Destin final de l'humanité

Le mot « mort », quelle que soit la langue qui le traduit, reste un des mots les plus redoutables. Il a représenté et représentera toujours pour l'humanité la vision qui la trouble le plus ; malgré ses efforts, elle n'arrive pas à l'obnubiler. Les grands serments d'amour éternel portent en eux, comme au cœur d'un fruit savoureux, le ver qui les détruira un jour.

Quelle est la place de la prière devant la mort ? Ah ! J'ai durement senti son impuissance cette nuit où je veillais notre sœur cuisinière qui était mourante. Le chapelet à la main, j'égrenais en silence les *Ave Maria* : « Priez pour nous, pauvres pécheurs... à l'heure de notre mort. » Soudain ses yeux s'ouvrirent : elle m'agrippa le bras avec ce qui lui restait de force et d'une voix tragiquement suppliante : « Emmanuelle, donne-moi la vie, la vie, Emmanuelle ! » Elle me demandait le seul cadeau que l'homme ne pourra jamais donner. Je fis glisser mon chapelet dans ma poche, je lui serrai doucement la main et, penchée sur son oreille, je lui dis : « Chérie, je suis là près de toi, je prie la Vierge, qu'elle te donne la vie, oui, la vraie vie, tout près d'Elle, et tout près de Dieu. » Son visage parut se rasséréner... Et bientôt, dans un soupir, elle entra dans la vie éternelle.

Quant au P. Théodore Ratisbonne, il parlait de la mort comme du plus beau jour de l'existence : c'est le moment où, après une dernière prière, l'enfant tombe dans les bras de son Père, l'épouse voit enfin face à face le visage de l'Époux rayonnant de beauté et d'amour.

Notre Dame d'éternité

Bénie sois-tu, Notre Dame,
de nous précéder sur le chemin
du bonheur et de la mort.
Ta foi fut affrontée
à ce que nous ne pouvons même pas imaginer :
la croix, l'agonie, la mort, la lance,
le tombeau (Jn 18-19).
Mais il y eut le matin de Pâques, Notre Dame,
cette autre nouveauté et cette foi éternelle.
La vie, la vie, la vie redonnée, la vie ressuscitée.
Aide-nous, Notre Dame,
à croire à la résurrection de la chair,
à la vie éternelle (Jn 20).

II
Prières de louange

Après avoir tenté d'approfondir les divers modes de la prière de demande, à travers les événements terrestres, essayons maintenant d'oublier la terre et de regarder le Ciel.

Un des moyens les plus puissants, c'est ce qu'on nomme la *lectio divina,* la lecture divine de la Bible. Elle est une source inépuisable de louange, d'amour de Dieu et des humains. On peut s'y initier en suivant des cours appropriés, non pas grâce à une exégèse qui discute sans arrêt les textes mais grâce à la recherche de ce que l'Esprit Saint nous dit à nous, à moi, aujourd'hui. Cela demande au départ, tout simplement, de se savoir « ignare », pauvre, incapable par soi-même de trouver la lumière ; mais avec l'Esprit de Dieu, la Vierge, tout s'éclaire. Chacun trouve son miel... On peut, par exemple, ouvrir son Évangile. Pour moi, je reviens inlassablement sur saint Jean, en n'oubliant pas ce que disait Origène, grand bibliste : « Celui qui ne s'est pas penché comme Jean, à la dernière cène, sur la poitrine de Jésus, et n'a pas pris comme lui Marie comme Mère ne peut pas comprendre son évangile. » En suivant son avis, la lumière l'âme peut acquérir une lumière extra-ordinaire. Quand le cœur est uni au cœur de Jésus et de sa Mère, il devient facile de lire lentement chaque verset en laissant chaque mot retentir dans le silence.

J'ai médité le prologue, le premier chapitre : « Au commencement était le Verbe », dans l'infini de Dieu, au-delà du temps et de notre petite planète, la terre des hommes, et de ses drames, au-delà de nos petits êtres et de leurs préoccupations... « Au commencement était le Verbe », tout le reste paraît tout à coup infinitésimal.

« Le Verbe était avec Dieu. » Relation d'amour entre le Père et le Fils, dans le prodigieux festival de l'Esprit divin.

« Le Verbe était Dieu. » Phrase qui paraît finie... mais avec une ouverture jamais fermée à la contemplation silencieuse.

« Tout fut par lui. Sans lui rien ne fut. » Tout... rien : l'univers dans sa totalité et « rien » ; le néant devenant « être » par le Verbe de Dieu. Nous sommes devant deux abîmes, sans fond : tout, rien.

« Et le Verbe s'est fait chair. » Béatrice disait à Dante, arrivé au seuil du paradis : « C'est en suivant le regard de Marie que l'être humain peut oser porter son regard sur l'au-delà de tout. » Jean écrit en grec ces mots qui acquièrent une tonalité très forte : le Verbe, le Logos, représente le sommet le plus élevé de la nature humaine, grandeur inaliénable de l'intelligence. Le terme « chair », en grec *sarx*, est pris ici dans son sens le plus vulgaire, de moindre prix.

Ô mon âme, suis le conseil de Béatrice à Dante, coule ton regard dans le regard de la Vierge, regarde avec elle le Verbe qui fait tourner l'univers, devenu un peu de chair, dans son sein. Même si les distractions m'assaillent, je reste là avec Marie, le front courbé, le cœur qui chante, émerveillé devant le mystère...

On voudrait ici s'arrêter, laisser la page blanche, car comment tracer des mots d'homme quand on parle « Dieu »...

Courage ! Continue pourtant, Emmanuelle ! « De tout être il était la Vie » (Jn 1, 4)... « afin que tout homme qui croit ait par lui la vie éternelle » (Jn 3, 15).

Méditer ces lignes, c'est sentir son cœur avide de posséder pour l'éternité cette vie qui, sur terre, diminue implacablement. La prière jaillit, même sans qu'on y pense.

Nous sommes ici dans le domaine de la foi pure ; il s'agit donc plus que jamais de faire taire les arguments de la raison raisonnante qui veut toujours des preuves rationnelles. La foi saute par-dessus et atteint Dieu.

Je demande doucement à la Vierge de me donner un cœur d'enfant, un cœur de pauvre, qui, dans la confiance, se laisse émerveiller par la promesse divine. Un jour, mon Dieu, – je ne sais pas quand, peu importe – tu me prendras dans ton Royaume pour les siècles des siècles.

La main dans la main de Marie, le cœur dans le cœur de Jésus, il n'y a plus qu'à dire le Psaume 18 :

Je t'aime, Seigneur, ma force,
mon sauveur, tu m'as sauvé de la violence.
Le Seigneur est mon roc, mon rempart
et mon libérateur, c'est mon Dieu [...]
Il m'a sauvé, car il m'aime [...]
Avec mon Dieu, je saute la muraille.

C'est bon de croire qu'avec Celui qui nous aime, on saute la muraille de la mort, pour entrer dans l'éternité.

Si nous reprenons le prologue, le texte ajoute : « La vie était la lumière des hommes. » Lumière... ? « C'est la nuit qu'il est beau de croire à la lumière... » C'est vrai, je suis comme une taupe, circulant sous terre, incapable de goûter les rayons du soleil. Mais quand je fais l'effort de ne plus regarder pendant quelques instants ce qui est sur terre, je suis un autre conseil qui me fut donné : « Tire par le haut, Emmanuelle ! Arrête ta pensée sur le Christ, lumière de lumière. Laisse-le t'envahir au plus intime de toi, il n'est pas un néon trompeur, mais une lumière de vie. Que veux-tu de plus ? »

Lorsque je referme *to biblon*, le Livre par excellence, le livre sacré, il est rare que la paix ne m'habite pas ; non seulement je me sens calmée, mais une lueur de joie s'est emparée de moi, on dirait que quelqu'un est là à mes côtés, sans que je le ressente sensiblement, mais ma faiblesse a fait place à une certaine force qui me permet de tenir debout dans la grisaille. C'est parfois après un certain temps que j'en remarque les fruits.

Lorsque je me sens fatiguée, portée au découragement, je reprends le chapitre 2 de saint Jean, « les noces de Cana ». Je suis chaque fois ravie de voir Marie présente à un mariage avec son Fils. Il s'est vraiment mêlé à notre histoire, à ses jours de joie, à ses jours de peine. Quand j'assiste à ce sacrement qui scelle l'amour dans une église, je remercie le Seigneur, car il est là, invisible, pour bénir cette union d'un homme et d'une femme, et lui donner un caractère sacré, éternel pour ainsi dire. Il arrive bien sûr que « le vin des noces vienne à manquer » comme à Cana... Heureux le couple qui sait prier, par exemple appeler Marie au secours. Car elle sait intercéder auprès de son Fils : « Ils n'ont plus de vin. » Nous sommes dans le concret. Jean nous montre Jésus, transformant l'eau insipide des jarres en vin savoureux.

Je me rappelle ce couple ami : ils ne se parlaient plus et allaient divorcer. Entraînés par un autre couple à un pèlerinage à Lourdes, ils se sont remis à prier ; ils ont senti quelque chose qui fondait dans leur cœur, ils se sont rapprochés l'un de l'autre, et forment maintenant un heureux duo. Il faut le voir pour le croire, quand ils arrivent la main dans la main pour assister ensemble à l'Eucharistie. Ils aiment aussi, de temps en temps, méditer à deux un texte biblique, les Psaumes de préférence. C'est vrai que les Psaumes sont une source inaltérable qui nous aide à dépasser nos petits problèmes, pour penser au Seigneur.

Avec le grand-père de ma grand-mère, Moïse Dreyfus, qui jouait le rôle de rabbin à Wissembourg en Alsace, j'aime laisser vibrer en moi l'un ou l'autre de ces cantiques sacrés dont chacun apporte sa saveur. Je pense à Moïse lorsque je prie avec lui le Psaume 1, intitulé « Les deux voies » :

Heureux est l'homme, celui-là
qui ne va pas aux conseils des impies,
ni dans la voie des égarés ne s'arrête,
ni au banc des rieurs ne s'assied,
mais se plaît dans la loi du Seigneur,
mais murmure sa loi jour et nuit !
Il est comme un arbre planté
près du cours des eaux,
qui donne son fruit en la saison,
et jamais son feuillage ne sèche.

J'ai appris par cœur ces phrases, car elles me parlent à l'âme : vivre en Égypte donne à ce psaume tout son relief. On voit d'une part le désert de sable jaune s'étendre indéfiniment, privé de verdure ; le long du

Nil, au contraire, les palmiers aux dattes pendantes, restent toujours verts. Quelle paix apporte le nom de Jésus, murmuré jour et nuit ! Il est comme une eau fraîche qui désaltère en plein midi.

Le Psaume 5, qu'on jouait sur les flûtes, est une prière qui, dès l'aube, jette la pensée vers le Très-Haut.

> Ma parole, entends-la, Seigneur
> discerne ma plainte,
> attentif à la voix de mon appel,
> ô mon Roi et mon Dieu !
> C'est toi que je prie, Seigneur,
> au matin tu écoutes ma voix [...]
> Joie pour tous ceux que tu abrites,
> réjouissance à jamais [...]
> Tu les protèges, en toi exultent
> les amants de ton nom.

Dès l'aurore, prendre Dieu comme Roi, s'abriter sous son amour, c'est devenir l'amante qui tressaille de joie au nom du bien-aimé.

Le Psaume 8 exalte la munificence du Créateur :

> Seigneur, notre Dieu,
> qu'il est grand ton nom par toute la terre !
> Au-dessus des cieux ta majesté, que chantent
> des lèvres d'enfants, de tout-petits [...]
> À voir ton ciel, ouvrage de tes doigts,
> la lune et les étoiles que tu fixas,
> qu'est donc le mortel
> pour que tu en garde mémoire,
> le fils d'Adam que tu en prennes souci ?

À peine le fis-tu moindre qu'un dieu
le couronnant de gloire et de splendeur,
tu l'établis sur l'œuvre de tes mains ;
tout fut mis par toi sous ses pieds
brebis et bœufs, tous ensemble,
les bêtes même sauvages,
oiseaux du ciel et poissons de la mer,
parcourant les sentiers des eaux
Seigneur, notre Dieu qu'il est grand ton nom,
par toute la terre !

Ce Psaume 8 est l'un des plus gracieux. Dans le Temple, bâti par Salomon, un lévite lançait au peuple l'invitation de chanter avec lui : « Ô Seigneur, notre Dieu, qu'il est grand ton nom, par toute la terre ! » Entraînés par l'évocation d'immenses horizons, deux chœurs alternaient pour en glorifier le Seigneur. L'un d'eux symbolisait le chœur des anges de la cour céleste. Cette vision unit soudain la voix des pauvres mortels que nous sommes, plongés dans la matière, à celle des êtres uniquement plongés dans la beauté divine.

Le Christ a repris l'accent sur la louange des enfants ; les tout-petits dans la pureté gardent encore un parfum angélique.

Et celui qui élève son cœur jusque dans cette hauteur participe sans s'en douter à « la gloire et l'honneur » de tout ce qui approche le Très-Haut.

Dès le premier chapitre de la Genèse, Dieu avait béni l'homme et la femme et leur avait dit : « Emplissez la terre, dominez sur les poissons de la mer, les oiseaux du ciel et tous les animaux qui rampent sur la terre » (Gn 1, 28).

Comment ne pas admirer la grandeur de Dieu à travers le resplendissant cadeau de la création ?

Quel artiste, Dieu, pour avoir parsemé tant de beauté à travers la nature ! Il n'y a qu'à s'en laisser pénétrer en silence quelques instants pour qu'une douceur admirative s'empare de nous. Saint Paul nous dit : « Le monde est à vous, vous êtes au Christ et le Christ est à Dieu. » L'horizontal terrestre se dresse sur la verticale pour atteindre le céleste. « Je vois le ciel ouvert et Jésus à la droite de Dieu », s'écriait Étienne, le premier martyr, écrasé sous les pierres et priant pour ses bourreaux. C'est bon de lever avec lui ses yeux vers le ciel.

François, le petit pauvre d'Assise, ne se lassait pas de chanter le *Cantique des créatures*.

Cantique du frère Soleil ou des créatures

Très haut, tout puissant et bon Seigneur,
à toi louange, gloire, honneur et toute bénédiction,
à toi seul ils conviennent, ô toi Très-Haut,
et nul homme n'est digne de te nommer.

Loué sois-tu, Seigneur, avec toutes tes créatures
spécialement messire frère Soleil
par qui tu nous donnes le jour, la lumière,
il est beau, rayonnant d'une grande splendeur
et de toi, le Très-Haut, il nous offre le symbole.

Loué sois-tu, mon Seigneur,
pour sœur Lune et les étoiles,
dans le ciel tu les a formées claires,
précieuses et belles.

Loué sois-tu, mon Seigneur, pour frère Vent,
et pour l'air et pour les nuages,

pour l'azur calme et tous les temps,
grâce à eux tu maintiens en vie toutes les créatures.

Loué sois-tu, mon Seigneur, pour sœur Eau
qui est très utile et très sage
précieuse et chaste.

Loué sois-tu, mon Seigneur, pour frère Feu
par qui tu éclaires la nuit,
il est beau et joyeux,
indomptable et fort.

Loué sois-tu, mon Seigneur,
pour sœur notre mère la Terre
qui nous porte et nous nourrit,
qui produit la diversité des fruits
avec les fleurs diaprées et les herbes.

Loué sois-tu, mon Seigneur, pour ceux
qui pardonnent par amour pour toi,
qui supportent épreuves et maladies,
heureux s'ils conservent la paix
car par toi, le Très-Haut, ils seront couronnés.

Loué sois-tu, mon Seigneur,
pour notre sœur la Mort corporelle,
à qui nul homme vivant ne peut échapper,
malheur à ceux qui meurent en péché mortel,
heureux ceux qu'elle surprendra faisant ta volonté
car la seconde mort ne pourra leur nuire.

Louez et bénissez mon Seigneur,
rendez-lui grâce et servez-le
en toute humilité.

Les paroles de ce cantique montent facilement au cœur quand le regard s'attarde sur la nature, que ce soit « frère Soleil », symbole de la splendeur divine dont la caresse est à certains moments si douce au corps ; quand sœur Lune brille mystérieusement au milieu des étoiles dans le silence de la nuit, qui n'a pas parfois ressenti la présence divine ?

Quand « frère Vent » nous effleure un jour d'été pour nous rafraîchir, comme il est bon de murmurer : « Merci, loué sois-tu, Seigneur. »

Quant à « frère Feu », quoi de plus séduisant que de se trouver le soir assis dans la forêt, dans un camp autour de la flamme qui éclaire la nuit. Et même, enfermés dans une pièce, lorsque la flambée monte dans la cheminée, en faisant crépiter le bois, nous ressentons un je ne sais quoi de délicieux qui appelle aussi le « Loué sois-tu, Seigneur ! »

Lorsque nos pieds nus effleurent l'herbe des champs que nous offre « notre mère la Terre », lorsque les « fleurs diaprées » aux coloris divers réjouissent nos yeux, lorsque des fruits savoureux craquent sous nos dents, une joie simple nous fait nous écrier : « Loué sois-tu, Seigneur ! » Que dire de l'acclamation de joie qui accueille un mets particulièrement bien préparé et que les invités savourent déjà à sa présentation, pourquoi ne pas l'accompagner d'un merci franciscain au Seigneur ?

Quelle était la petite sainte qui s'arrêtait un jour sur son sentier, pour se pencher vers une petite pâquerette et prier ainsi : « Seigneur, créateur tout puissant, merci d'avoir créé pour moi cette pâquerette : quelle pureté dans ses pétales, quel cœur d'or si joliment agencé. » La prière devient familière dans la mesure où nous savons contempler les merveilles qui nous appellent sur notre route.

Mais revenons à François. Quand enfin il apprit du médecin que ses jours étaient comptés, il lança dans la jubilation : « Sois bienvenue ma sœur la Mort. » Puis il demanda à un frère : « Appelle frère Ange et frère Léon pour qu'ils viennent chanter à mon chevet. » Comme ceux-ci entonnaient le *Cantique des créatures*, François s'empressa d'y ajouter une strophe :

« Loué sois-tu, mon Seigneur, pour notre sœur la Mort corporelle à qui nul homme vivant ne peut échapper. »

Il ne se lassa plus de l'entendre chanter. Pour sa dernière prière, il entonna de sa voix éteinte le Psaume 142 : « Seigneur, mon Christ [...] tire mon âme de sa prison afin que j'aille célébrer ton nom. » Il mourut en chantant, écrit Celano, son biographe.

Puissions-nous obtenir de François de partir comme lui dans un chant de paix et de louange.

L'Eucharistie

Arrivons maintenant au sommet de la louange : l'Eucharistie, mot grec qui signifie reconnaissance.

Il y a tout, en effet, dans la prière eucharistique de la messe, où le Christ a voulu s'offrir à son Père, comme au sacrifice de la Croix : ce n'est pas une représentation imagée, c'est lui, corps et âme, qui se fait présent ; il y intercède à travers les siècles pour les hommes de tout temps, aujourd'hui c'est notre tour. Incroyable merveille : il est là dans sa mission de miséricorde, il efface dans son souffle de vie tous nos péchés de mort ; il s'offre pour chacun afin de nous emporter invisiblement vers son Père ; il y a tout dans la messe, tout. Elle nous parle chaque jour de joie, de paix, d'amour, d'éternité bienheureuse après nos difficultés quotidiennes. Quelle source j'ai trouvée dans les prières de la messe : source d'enthousiasme et de force. Depuis ma lointaine enfance, je me suis sentie appelée à me retremper chaque jour dans ce bain d'amour éternel et mon âme encore aujourd'hui en chante la reconnaissance au Seigneur ; il m'a permis de me renouveler ainsi sans cesse dans sa Vie même : la vie devient un chant perpétuel quand on sait que, grâce à l'Eucharistie de la messe, les drames de la terre sont pris en charge par un Sauveur vivant. *Yalla*, Emmanuelle, continue à te battre de toute tes forces vives pour la justice et l'amour ! Car, en cordée avec le Christ, aucune bataille n'est perdue ; peu importent les apparences, le bien, la victoire seront les derniers mots. Je crois au Sauveur de l'humanité.

Déjà sur terre, certains faits extraordinaires nous en donnent les prémices comme ces notes que m'a communiquées un ami.

L'amitié entre l'Allemagne et la France, si largement célébrée lors de l'anniversaire du débarquement sur les plages de Normandie, a ravivé un souvenir impérissable : celui du Congrès eucharistique international à Munich en juillet 1960. Sur la grande place près de la cathédrale, plus d'un million de catholiques venus de tous les coins du monde se sont rassemblés dans la ville où était né le nazisme... Ils étaient groupés autour du Corps du Christ offert pour la vie du monde... Là où était né l'hitlérisme avec sa religion de haine, de domination, avec sa cruauté qui portait la mort et la ruine, une foule acclamait le Christ source d'amour, de fraternité, de justice et de paix...

Le lendemain, la foule se retrouvait à Dachau pour la consécration de la chapelle de la Réconciliation...Tout près du four crématoire, nous avons visité les baraques où se trouvaient des centaines de prêtres déportés...

Edmond Michelet, ancien ministre de la Justice, raconte le courage des condamnés ainsi que le témoignage des croyants : « Chaque matin, dit-il, la messe était célébrée en secret au risque de mourir... Nous étions serrés les uns contre les autres, l'officiant célébrait dans ses haillons de bagnard, un dérisoire gobelet comme calice, une boite de pastilles comme ciboire... Ce dont je me souviendrai toujours, c'est le sourire resplendissant, le visage rayonnant des agonisants auxquels j'allais glisser entre les lèvres une parcelle d'Hostie consacrée... »

Et Michelet de citer ce récit, par un des prêtres qui l'ont vécue, d'une histoire un peu folle arrivée à Dachau : « À la fin de 1944 la baraque des prêtres est témoin d'une cérémonie incroyable... Un diacre allemand allait mourir de tuberculose... Ses amis organisent son ordination sacerdotale avant sa mort... Il y a là l'évêque de Clermont, Mgr Piguet, celui qui m'avait ordonné un an avant, déporté lui aussi... On taille une crosse dans un morceau de bois... On découpe une étoffe violette... L'évêque de Munich fait passer clandestinement l'huile consacrée... Et la nuit du 18 décembre 1944 en cachette des S.S., c'est la messe pontificale dans la baraque, Mgr Piguet ordonne prêtre le diacre allemand... Pendant la cérémonie un juif déporté joue du violon pour qu'on ne s'aperçoive de rien... Quelques jours après, le nouveau prêtre meurt, il avait écrit sur son carnet : "Amour, expiation"... »

Quel est le secret de ces hommes ? Qui leur a permis de trouver une force plus tenace que la peur de mourir, un cœur contagieux de bonté ? Ce secret, c'est celui de la présence du Christ... Ou bien ce n'était que du pain et du vin et Michelet risquait sa vie pour un mensonge... ou c'était le Christ... Ou bien le nouveau prêtre mourait en ayant transformé la Passion de son peuple en la Passion du Fils de Dieu... ou bien ce n'était qu'illusion et duperie... Là où l'horreur avait abondé, l'amour pouvait surabonder. Là où avait coulé le sang des hommes, on pouvait offrir le Sang du Christ...

Par l'Eucharistie, le Christ nous transforme puisque Jésus s'est fait homme pour que tous les hommes soient divinisés. Le Seigneur se donne à nous pour que nous ayons non seulement une énergie humaine mais une énergie divine pour travailler à construire la communauté humaine fraternelle...

Dans le même ordre d'idée, j'avais lu, il y a quelques années, les faits suivants que je n'ai jamais pu oublier. Au temps de l'Occupation, un Allemand avait été tué dans une bourgade. Selon la loi terrible instaurée dans ce cas, dix hommes pris au hasard avaient été exécutés. Peu après, c'est Noël. La mère de l'un des fusillés part à la messe, le cœur atrocement meurtri. Soudain, elle tressaille ; un officier allemand à la marche difficile entre dans son banc et s'assied près d'elle. Au moment de la communion, il se lève péniblement et lui demande son bras pour l'aider à avancer vers le prêtre. Son être entier se raidit : cet Allemand a peut-être tiré la balle qui a abattu son fils. Elle tourne les yeux vers le célébrant qui, l'Hostie à la main, s'écrie : « Heureux les invités au repas du Seigneur. Voici l'Agneau de Dieu qui enlève les péchés du monde. » Il lui semble que le Christ la regarde, l'attend. Elle murmure alors doucement : « Seigneur, pardonne-nous, comme je lui pardonne. » Et elle offre son bras à l'Allemand. Ils s'en vont tous deux communier ensemble. Au retour, il lui semble entendre son fils lui dire : « Maman, merci, ta prière de pardon m'ouvre le Ciel. » Une grande paix l'envahit ! c'est Noël !

III
Prières du pauvre

Le pauvre a sa manière de prier. J'ai eu plusieurs fois l'occasion d'en faire l'expérience.

Ce fut durant une fête de Noël parmi les plus belles de ma vie. C'était en 1972, au bidonville du Caire, la deuxième année de mon installation, alors qu'aucun prêtre n'y avait jamais mis le pied. Je suis allée voir Baba Chenouda, le patriarche copte orthodoxe, pour lui demander d'envoyer à ce village abandonné un prêtre pour célébrer la naissance de Jésus sur la terre. Dans un des lieux les plus misérables de la planète, au milieu des ordures, des cochons et des ânes qui nous encerclaient, avec une table branlante recouverte d'un chiffon, nous avons chanté de toutes nos forces la venue de l'Emmanuel, Dieu du Ciel avec nous sur la terre. Nos voix, justes ou fausses, se mélangeaient dans une extraordinaire émotion. Dans leur prière de pauvres, les femmes pleuraient, les hommes étaient eux aussi bouleversés. Tous se rappelaient le temps où dans leur lointain village, ils célébraient dans leur belle église les grandes fêtes chrétiennes. Il semblait que leurs misères étaient soudain métamorphosées. J'ai rarement vu de plus beaux visages, irradiés de bonheur. Ces pauvres filles si souvent battues, au travail sans répit, au milieu de maternités successives qui leur faisaient perdre toute fraîcheur, étaient devenues belles comme des images du ciel.

Durant sa courte homélie, le célébrant, un vieux moine, osa affirmer : « Si le Christ devait encore s'incarner, pauvre parmi les pauvres, c'est ici qu'il viendrait. N'oubliez pas le psaume : "Quand un pauvre a crié, Dieu l'écoute." N'ayez pas peur, le Royaume des Cieux est au milieu de vous. » Chacun partit avec comme réveillon de Noël un biscuit et une mandarine qu'il allait manger en chantant : car il avait goûté les prémices de l'éternité à travers sa pauvreté même.

J'ai eu la grâce de passer une veillée de Noël dans la grotte de Bethléem où le Divin Enfant était né. Elle n'est ouverte avant minuit qu'aux Éthiopiens qui, depuis des siècles, ont ce privilège. J'étais arrivée à m'y glisser comme eux. Avec ces très pauvres gens, ce fut là aussi une nuit exceptionnelle. Les enfants étendus sur le sol de la grotte dormaient. Parmi leurs parents, certains étaient allongés et ronflaient tranquillement. Les autres veillaient en silence avec une intense imploration. Quelle impression de se trouver, durant cette vigile de Noël, dans cette pauvre caverne, couverte d'oripeaux, au milieu de ces Éthiopiens, frères des bergers éblouis par les anges... Leur promesse se réalisait invisiblement : « Paix aux hommes que Dieu aime. »

Que ce soit dans les lieux mêmes où la Paix s'incarna un jour du temps dans un pauvre corps d'homme, que ce soit dans une cathédrale, ou au centre d'un minable bidonville, c'est toujours le triomphe de Noël, de la joie d'en haut promise à la prière d'en bas, mais avec un certain « plus » chez les plus pauvres.

En pensant à la petitesse qui séduit le Seigneur, comment ne pas évoquer ici un des miracles obtenus par l'imploration de la petite Thérèse ? Encore enfant à l'époque, elle entendait parler à mots couverts d'un assassin pervers, un certain Pranzini, qui pour quelques bijoux avait tué une femme et sa fille.

Condamné à mort, il gardait toute son outrecuidance et refusait de voir un prêtre. Mais la petite Thérèse priait pour lui de toutes les forces de son petit cœur. Au moment de monter orgueilleusement à l'échafaud, voilà que tout à coup, Pranzini se retourne, fait un pas vers le crucifix, tenu par l'aumônier qu'il avait rejeté, et baise passionnément les plaies du Christ : « La prière d'une pauvre enfant avait percé les nues. »

Pranzini ne connaissait sans doute pas le *Miserere* (Ps 51) attribué à David après qu'il eut fait mourir l'époux de Bethsabée, la femme qu'il convoitait. Avec le *De profundis*, ces deux psaumes sont ceux que je redis chaque jour en union avec mes frères et sœurs pécheurs comme moi.

Miserere

Pitié pour moi, mon Dieu, dans ton amour,
selon ta grande miséricorde, efface mon péché.

Le psalmiste fait appel au cœur de Dieu, sûr d'être écouté. Sa prière enchante l'âme, car elle ne s'adresse pas à un Seigneur vengeur, sorte de Père Fouettard, un fouet à la main, mais à un Dieu miséricordieux qui a pitié de notre misère, car il aime ses pauvres petites créatures : l'amour ne porte-t-il pas en lui l'indulgence même, celle qui n'étouffe pas, ne fait pas peur ?

Lave-moi, et je serai blanc plus que neige.

Cette vision de blancheur de neige que Dieu va nous accorder dans une bonne lessive de nos fautes, nous apporte un enchantement. Ah ! c'est bon, cela.

Fais que j'entende les chants et la fête...
Accorde à Sion le bonheur.

Quelle merveille ! Dans son amour le Seigneur ne se contente pas de nous pardonner, mais il va nous permettre de courir sur la route vers la fête.

Le Psaume 129, *De profundis*, est de la même veine.

De profundis

Des profondeurs, je crie vers toi, Seigneur,
Seigneur, écoute mon appel...
J'espère le Seigneur de toute mon âme...
Près de toi se trouve le pardon,
Mon âme compte sur le Seigneur
plus qu'un veilleur sur l'aurore...
Car auprès du Seigneur est la grâce,
près de lui l'abondance du rachat.
C'est lui qui rachètera Israël de toutes ses fautes.

Ici de même, le psalmiste est confiant, ce n'est pas un vain espoir, mais une assurance, il est aimé de quelqu'un de bon et puissant. Et il s'écrie dans le psaume : « Le Seigneur est avec moi, de qui aurais-je crainte ? » Cette même espérance traverse tout le psautier, comme un refrain joyeux.

La prédilection de Dieu pour les pauvres, j'en

avais eu une première initiation à Londres, où nous nous étions réfugiés en 1914 après la mort de mon père. C'était Noël. Je me trouvais dans une église, devant l'Enfant de la crèche couché sur la paille, entre un bœuf et un âne. « Pauvre parmi les pauvres, me disait ma mère, car lui, le Dieu tout-puissant, a voulu revenir sur terre pour nous aimer tous et toi aussi, Madeleine (mon nom de baptême), et pour partager la vie des plus misérables. » Je me trouvais là à genoux sur la balustrade, le cœur tout chaud devant tant de tendresse. Je dévorais du regard ce petit Jésus, qui grelottait de froid et qui était descendu du ciel pour nous, pour moi. Entourée d'affection, j'avais pourtant un trou dans mon cœur creusé par le brusque départ de mon père qui s'était noyé sous mes yeux, trois mois auparavant. Avec mon petit cœur de pauvre enfant endolorie, je priais de toute mon âme cet Enfant Jésus, couché sur la paille, devant moi : « Ô petit Jésus, je t'aime : mon papa, il est au ciel, près de toi ! Dis-lui aussi que je l'aime. » On peut le redire souvent :

Quand un pauvre a crié, Dieu l'écoute.

Tout doucement, mes trous commençaient à se remplir de tendresse.

J'ai rencontré ce genre de tendresse chez des petits autistes. Je les visitais dans un foyer qui comprenait un oratoire où le Saint Sacrement était exposé. L'un ou l'autre y entrait librement, se hissait vers l'Hostie, y posait ses lèvres et disait seulement : « Petit Jésus, je t'aime. » Il laissait parfois sur l'ostensoir un peu de confiture ou autre souvenir de son baiser d'amour. Et lui repartait, ravi d'avoir embrassé Jésus.

Les yeux d'un enfant voient l'invisible, car sa prière dépasse les contingences terrestres et atteint le paradis perdu où l'homme avant sa chute parlait à Dieu à la brise du soir.

Il arrive normalement que cette prière spontanée, confiante, caractéristique des jeunes années, disparaît lorsque l'intelligence se développe et exige des preuves rationnelles pour souscrire à tout ce qui lui est présenté : la vérité doit lui être démontrée. Le monde invisible échappe à ce genre d'argumentation, au règlement géométrique. D'autre part dans le tourbillon incessant des images et des sons dont nous sommes abreuvés, qui trouve encore des plages de silence ? Le silence seul permet d'entendre l'appel de l'invisible. De temps à autre, quelque cérémonie d'enterrement fait parfois appel à prier ; car le problème essentiel y fait alors souvent son apparition : que restera-t-il de cet être connu et aimé ? Des cendres dispersées à tout vent ? L'âme ne serait-elle pas immortelle ? Mais après l'émotion fugitive, on est vite happé par ce que Pascal dénomme le divertissement, ce qui fait oublier le vide du cœur. Elles passent, elles passent les années, avec leurs jours de joie et de peine, de réussite et d'échec... Une certaine maturation s'opère. Le problème de la mortalité ou de l'immortalité se fait plus lancinant... chez l'un ou l'autre, une épreuve, la perte d'un être cher creuse un dépouillement où peut se faire entendre l'appel vers ce qui ne s'écoule pas, comme la belle écume en eau amère. Il arrive alors que dans une certaine pauvreté du cœur la prière remonte lentement des lointaines années, les regards s'échappent vers le ciel de Dieu.

L'homme est devenu capable d'entrer dans la catégorie des pauvres de Yahvé dont l'abbé Gelin avait publié vers 1950 une analyse suggestive [5]. Ils arrivent à se tenir devant Dieu comme l'enfant devant son père, dans une confiante simplicité. Certains me diront : « Ce n'est pas si simple que cela de croire. » La remarque est juste. Pourtant tous ceux qui en ont fait l'expérience peuvent en témoigner : dans la mesure où l'on accepte doucement de ne pas chercher une raison à tout, où l'on préfère rester devant Dieu comme l'enfant devant son père, dans une prière confiante, une sorte de paix s'instaure dans l'âme, celle que le Christ a promis à ceux qui croient en lui, cette paix plus précieuse que des masses d'or fin.

Une de mes sœurs religieuses me montrait un jour une image représentant un petit oiseau niché dans une forte main, qu'elle avait soigneusement encadrée pour la suspendre au mur sous ses yeux... Elle était atteinte d'une terrible maladie qui la minait véritablement ; pourtant, elle me souriait et ses yeux noirs brillaient dans son visage décharné : « Emmanuelle, écoute bien ma prière : Seigneur, je suis le petit oiseau dans ta main. » Oui, elle souriait, sûre de lui. Elle mourait quelques jours après, emportée dans la main de son Seigneur pour lui être plus proche. Je la prie maintenant pour qu'elle m'aide à rester comme elle, confiante, petite, pauvrement nichée dans la paix de Dieu pour la vie et pour la mort.

Le patriarche Athénagoras, qui fut l'une des grandes figures du siècle passé, employait, lui, le terme « désarmé » :

Il faut mener la guerre la plus dure qui est la guerre contre soi-même. Il faut arriver à se désarmer. J'ai mené cette guerre pendant des années, elle a été terrible.

---

5. A. GELIN, *Les Pauvres de Yahvé,* Paris, Éditions du Cerf, 1954.

Mais maintenant, je suis désarmé. Je suis désarmé de la volonté d'avoir raison, de me justifier en disqualifiant les autres. Je ne suis plus sur mes gardes, jalousement crispé sur mes richesses. J'accueille et je partage. Je ne tiens pas particulièrement à mes idées, à mes projets. Si l'on m'en présente de meilleurs, ou non pas meilleurs, mais bons, j'accepte sans regrets. Ce qui est bon, vrai, réel est toujours pour moi le meilleur... Si l'on se désarme, si l'on se dépossède, on s'ouvre au Dieu-Homme qui fait toutes choses nouvelles...

Le pauvre, en effet, est sans arme pour se défendre, sans richesse d'âme ou de corps pour s'en prévaloir. Par le fait, son cœur est ouvert à Celui qui, comme le dit saint Paul, « s'est fait pauvre pour nous enrichir ». La prière naît naturellement dans son cœur car il n'a rien de l'assurance agressive de celui qui, du haut de sa transcendance, priait ainsi : « Dieu, c'est la dernière fois que je m'adresse à toi. Je veux te connaître, fais-toi connaître, je veux te voir, fais-toi donc voir ; je veux recevoir ton aide, prends-moi par la main. Dieu, si tu ne le veux pas, c'est fini, je te l'ai assez demandé, je m'éloigne de toi à tout jamais. » Malade, il mourut peu de temps après, sans avoir compris qu'on n'adresse pas d'ultimatum au Seigneur du Ciel et de la terre. Il lui aurait suffi de murmurer avec David dans le désert de Juda :

Dieu, tu es mon Dieu, je te cherche
mon âme a soif de toi,
après toi languit ma chair,
terre sèche, altérée, sans eau...

Comme on peut toujours le remarquer : « Quand un pauvre a crié, Dieu l'écoute. » Il aurait entendu cet appel et selon l'expérience de tant d'appels, la Paix du Seigneur serait entrée dans son âme. Mais il ne savait pas, ce cher homme, que lorsqu'on laisse tomber cette croûte d'orgueil qui durcit l'intelligence et l'obnubile, le cœur allégé se tourne spontanément vers Dieu, Père plein de tendresse.

Exemples de pauvres

Il serait peut-être alors arrivé à accepter les paroles que le Christ disait à sœur Faustine : « Plus grande est la misère, plus grand est le droit à ma miséricorde. »

Ces paroles sont ravissantes, un être humain ne pourrait les inventer, c'est trop fabuleux ! Le mot « droit » est extraordinaire. Il ne peut s'échapper que d'un Homme-Dieu qui a vu sur terre jusqu'où peut tomber la misère humaine et qui, étant Dieu incarné dans cette misère même, peut seul décider, dans son incommensurable Amour, de lui donner ce droit d'appel : quel éclairage sur le cœur du Christ ! Il appelle la prière de tous les misérables que nous sommes, incapables d'un tel amour, mais bien capables de ne pas en avoir cure ! Ces paroles sont inscrites devant moi sur ma table de travail, je les lis et relis souvent, aux moments surtout où mon manque d'aimer, mon manque de courage, ma misère me poursuivent : « Voyons, Emmanuelle, me dis-je alors, c'est le bon moment, c'est le moment du "droit", vas-y. Seigneur, tu me vois, je suis incapable de rien, mais j'ai un droit, puisque tu m'aimes comme ça, tu dois, oui, tu dois me prendre par la main, me remettre debout, oui, c'est mon droit ! » Que pourrait-on ajouter ? Puisque ce qui fascine le Christ, c'est la misère de l'homme, il est venu de l'Au-delà pour nous en sortir.

Il nous le fait comprendre, dans une des plus belles paraboles de l'Évangile, celle de l'enfant prodigue (Lc 15). Celui-ci avait exigé de son père sa part d'héritage et était allé la dépenser « avec des femmes de mauvaise vie » ; enfin tombé dans le dénuement, il est obligé de soigner des porcs (animal honni chez les juifs). Il se décide alors de retourner chez son père pour lui demander pardon et travailler parmi ses ouvriers. Celui-ci le voit venir de loin, court à sa rencontre, le couvre de baisers, le fait richement vêtir et ordonne de tuer le veau gras pour un festin en son honneur... Il recrée la relation d'amour ! Certains me disent que, dans leur enfance, on leur a appris un Dieu dominateur et sévère, rapide à jeter en enfer ceux qui avaient péché ! Heureusement que le jeune vicaire de l'église Saint-Vincent-de-Paul à Paris tenait un autre langage. Il nous préparait à notre première communion : tout était bonté, douceur, amour dans la religion qu'il nous enseignait : Jésus était venu sur la terre par amour, était mort par amour et ne nous demandait que de l'amour pour lui et pour nos frères et sœurs d'humanité. Je buvais ses paroles, surtout la manière de prier comme un enfant dans les bras de son père. Il a été à la source de ma vocation religieuse : faire de sa vie un don d'amour à Dieu et à l'enfance malheureuse. Je demande parfois à Dieu de lui rendre la joie qu'il m'a procurée !

Je choisis de temps en temps dans la Bible un verset du Cantique des cantiques qui ne parle que de l'amour qui relie la Bien-aimée au Bien-aimé. Les anciens exégètes juifs considéraient ce livre comme le sommet de toute la Bible, l'Ancien Testament, s'entend. Quand on le lit dans le souffle de celui qui l'a composé, on est comme le prophète Élie emporté vers le Ciel sur un

char de feu ! Son essence entière tient dans ce verset :
« Mon Bien-aimé est à moi et je suis à lui. » Je marche,
je vais, je viens, j'écris, je téléphone... « Mon Bien-
aimé, je suis avec toi et toi avec moi, *yalla*, en avant ! »
pschtt ! c'est court, ça vole !

Il est incalculable, le nombre de personnes que j'ai
rencontrées au hasard de la vie et qui m'ont transmis
la richesse de leur colloque avec Dieu ou avec les
hommes. Il suffit, en effet, d'ouvrir les yeux et les
oreilles pour admirer l'amour gratuit de certains
envers Dieu et envers le prochain. Cet amour gratuit
envers les autres n'est-il pas aussi un genre de prière,
car à travers le frère, la sœur, n'est-ce pas avec Dieu
qu'on entre en relation directe ? « Tout ce que vous
avez fait à l'un de ceux qui souffrent, c'est à moi que
vous l'avez fait. » N'est-ce pas Jésus qui le dit ?
J'entends encore cette jeune fille me raconter :

« Je pourrais partir à Paris où je trouverais immédiatement un emploi bien mieux rémunéré qu'ici
dans le Var.

— Et pourquoi n'y vas-tu pas, alors ? Tu n'aimes
pas Paris ?

— Oh, bien au contraire, mais il y a ma grand-
mère. »

Ses yeux se portent au loin. Et elle ajoute :

« Elle est malade, seule, je suis sa seule consolation. Alors je passe tous mes week-ends avec elle.
Tant pis pour moi. Mon travail n'est pas bien payé, il
me fatigue. Mais je ne quitterai jamais ma grand-
mère. Si vous saviez, sœur Emmanuelle, comme elle
est heureuse de me voir ! »

Cette jeune fille n'est-elle pas en relation directe
avec le Dieu d'amour, n'est-elle pas dans un sens
comme une prière vivante, dans un colloque vivant ?

Chacun a son tempérament et ses grâces. Personnellement, je sais que sans une relation de prière avec Dieu, je resterais surtout préoccupée de moi-même. Mais heureusement, Dieu et la Vierge m'aident à persévérer dans la prière, celle du pauvre qui, seul, ne peut rien. C'est ainsi que, jour par jour, mois par mois, année par année, on avance, les yeux souvent fermés sans comprendre mais sûr que lui n'abandonne jamais.

Oui, je peux en témoigner, Dieu répond toujours à la prière du pauvre, mais sa réponse est obligatoirement divine, c'est-à-dire « d'un autre ordre », dirait Pascal. Elle n'est pas de l'ordre de la matière, où se situent la plupart de nos prières, comme j'en ai déjà parlé. Il m'a fallu du temps pour comprendre que Dieu éternel nous prépare à un bonheur éternel ; et voilà la clef de notre incompréhension, à nous, hommes, que seul le monde présent intéresse.

J'ai fait une incroyable expérience chez les chiffonniers du Caire, au moment du tétanos, cette épouvantable maladie ; à mon arrivée au bidonville de Mokattam, elle tuait quatre bébés sur dix (maintenant il n'y a plus un seul cas). À cette époque, je n'avais aucun moyen pour lutter, pas d'argent, pas de médecin, pas d'infirmière, rien, rien que mon petit cœur ! Je ne pouvais que pleurer, avec la maman qui tenait dans ses bras son enfant mort.

Nous étions souvent assises devant la cabane, le soir, sous les étoiles. Et comme je connais la foi sans faille de mes chers chiffonniers, je disais doucement : « Regarde comme il est beau le ciel, tu le sais, l'âme de ton petit n'est plus dans tes bras, elle est au Ciel, elle chante avec les anges, dans la joie de Dieu. » Et je voyais cette malheureuse lever un peu le petit cadavre qui se refroidissait et lever les yeux vers le ciel en disant : « C'est vrai, *ya Habibi*, mon chéri, tu n'es plus sur mon cœur, mais tu es heureux, tu chantes avec *Khadra Mariam*, la Vierge Marie... Et moi, je pleure, mais *maalech*, ça ne fait rien, puisque toi, tu ne souffres plus. » Et elle priait : « *Achkorak, ya Rab*, je te remercie, Seigneur. » Une sorte de sérénité confiante se lisait sur son visage encore mouillé de larmes, comme un rayon de soleil sur une terre dévastée. Ah oui, les chiffonniers m'ont appris à croire !

Le pape Jean-Paul II

Une personne éminente qui représentait pour moi un vrai fils de Dieu était le pape Jean-Paul II. J'ai eu plusieurs fois la grâce de participer au Vatican à sa messe privée. Une trentaine de personnes sont réunies dans sa petite chapelle. Lorsqu'on y pénètre, et qu'on le voit prosterné, les épaules tombantes, la tête dans les mains, abîmé devant Dieu, on a l'impression de se trouver devant un autre homme qui crie au secours du Tout-Puissant. On avance sur la pointe des pieds. Puis la messe se déroule dans un intense recueillement. Jean-Paul II dit quelques mots à l'homélie, on a l'impression qu'il vient de les cueillir à l'écoute de Dieu. On se sent petit mais comme si, grâce à cette petitesse, on est charrié avec le pape vers un autre monde. Une expression de tristesse passe parfois sur son visage, au souvenir des drames du monde, on dirait qu'il en porte le poids, et c'est lourd. Après une dernière prière, nous le retrouvons dans une salle contiguë, où il parle quelques instants avec chacun, qui paraît être la personne qui l'intéresse le plus.

Le 15 août 2004, j'ai encore eu la joie de l'approcher. C'était à Lourdes où il était venu comme malade prier avec le pèlerinage des malades. Voulait-il demander en priorité d'être guéri de sa maladie de Parkinson et des autres troubles qui causaient son impuissance croissante ? Je ne le pense pas. D'après l'ensemble de ses discours, il paraissait plutôt être là pour prier pour le monde et ses drames, pour unir sa souffrance et celle des souffrants avec la Passion du Christ, dans une unique et pathétique offrande. Les 300 000 personnes que nous étions autour de lui, à la messe de l'Assomption, étions là en un silence émouvant, unies à ce vieil homme à bout de forces ; mais il a tenu jusqu'à la fin, malgré les longues heures de la cérémonie. Durant ses derniers jours, tourné vers sa fenêtre, il bénissait encore une fois la foule rassemblée sur la place Saint-Pierre. Maintenant « du haut de la fenêtre de la Maison il continue à nous bénir » (card. Ratzinger), à nous insuffler sa foi ardente, sa charité universelle, son amour de l'humanité. Merci, Seigneur, de nous avoir donné un tel pape !

Il y eut à Lourdes des moments inoubliables. Ainsi, dès son arrivée, il a voulu, malgré son extrême fatigue, aller directement à la grotte saluer Marie qui y était apparue. En se prosternant à genoux, il a perdu l'équilibre et se serait effondré si ses gardes du corps ne s'étaient précipités à son secours. Assis ensuite, la tête prosternée, il n'était plus que prière... Puis il se redressa, le visage sérénifié, on le sentait en communion avec la Vierge que son regard ne quittait plus. Il avait pris comme devise de son pontificat : *Totus tuus*, « Tout entier à toi. » Car il voulait lui confier la lourde charge qui l'attendait.

Son oraison terminée, le pape se tourna vers les

malades, on le sentait préoccupé de rester en communion avec chacun et chacune d'entre eux. Voici ses paroles :

« Je suis avec vous, chers frères et sœurs (pour lui ce ne sont pas des mots mais une réalité), pèlerin auprès de la Vierge ; je fais miennes vos prières et vos espérances ; je partage avec vous un temps marqué par la souffrance physique, mais pour autant, non moins fécond dans le dessein admirable de Dieu... Chers frères et sœurs, je voudrais vous serrer dans mes bras, l'un après l'autre. »

Dans ces quelques lignes nous avons un condensé du sens et de l'impact de la prière. Un de ses effets directs est de porter vers les autres « comme vers des frères et sœurs » aimés, que l'on veut « serrer dans ses bras » : tout naturellement, on passe de Dieu à l'homme.

Si Jean-Paul II a voulu appartenir tout entier à la Vierge, c'était naturellement pour être plus près du Christ et de sa force, plus attentif à la parole de Dieu. Cette spiritualité apparaît dans la suite de sa prière à la grotte :

« Je te salue, Marie, femme pauvre et humble... Glorieuse Mère du Christ... Enseigne-nous à persévérer dans l'écoute de sa parole... à demeurer avec toi auprès des innombrables croix sur lesquelles ton Fils est encore crucifié. »

Comme il est aidant de reprendre pour les méditer ces paroles... s'incliner devant l'abaissement de cette femme qui s'écriait dans son Magnificat : « Dieu a regardé la pauvreté de sa servante. »

Cette spiritualité mariale, qui est celle de Jean-Paul II, m'a attirée ; j'aime à redire à la Vierge : *Tota tua*, « je suis toute à toi » et, comme une enfant, je me cache dans les bras de ma Mère, spécialement dans son humilité que j'ai peine à pratiquer, mais qui attire spécialement le Seigneur. Quand on demeure avec la Vierge, on apprend immanquablement à demeurer avec tous ceux qui souffrent pour essayer de les soulager avec son cœur, sa prière, son action. C'est à elle que je confie la détresse humaine, car elle a passé par là ; elle peut, d'une manière plus directe que le psychiatre, répandre dans nos cœurs un souffle d'espérance, comme l'évoquait encore le pape en terminant son discours :

« Marie, femme de foi, enseigne-nous à construire le monde dans la fécondité irremplaçable de la croix. »

Prier Marie, c'est apprendre que l'amour est plus fort que la mort.

J'ai ici devant moi, l'ouvrage de l'abbé Gelin, dont j'ai déjà parlé, *Les Pauvres de Yahvé*, qui porte dans chaque page un profond enseignement. *Homo biblicus*, l'homme biblique, est le pauvre par excellence qui se tient devant Dieu : « Son recours est total, sa reddition plénière, sa confiance éperdue... la Vierge du Magnificat en atteint le sommet, Jésus en est la perfection. »

Sainte Thérèse de l'Enfant-Jésus écrivait : « Plus tu seras pauvre, plus Jésus t'aimera. » Cela rejoint l'abbé Gelin : « Comme terrain privilégié la pauvreté réelle, comme âme l'humilité, comme respiration la foi. » La pauvreté de l'homme biblique n'appartient pas à la Bible seule. « Les scribes musulmans qui copiaient des textes religieux inscrivaient dans les colophons, à la suite de leur nom, *el fakir Allah*, le pauvre de Dieu ; de même les Baktis hindous vont vers le Seigneur par le chemin de la pauvreté de cœur et d'âme. » On le voit, l'abbé Gelin a de larges horizons religieux !

Cette recherche est en contradiction absolue avec ce qu'écrivait Brunschvicg : « L'homme moderne est celui qui n'a pas besoin de rédemption. » J'aurais été d'accord avec lui s'il avait fait remarquer qu'il y a toujours eu à travers les siècles des hommes qui ne ressentent pas « le besoin de rédemption ». À l'encontre de ce penseur, je suis étonnée du nombre de personnes qui m'abordent aujourd'hui, jeunes et moins jeunes, avec une soif de spiritualité et finalement de rédemption.

Et ceci nous amène à un autre genre de « prière du pauvre », le rosaire. Certains ne goûtent pas la répétition de cinquante *Ave Maria* pour chaque chapelet. On les comprend : c'est fastidieux apparemment. Cependant, il est possible de le rendre savoureux par la contemplation de chaque mystère. Quand je suis fatiguée – avec l'âge de plus en plus –, j'y trouve une source toujours renouvelée de douceur et de sérénité. Voici quelques exemples.

Premier chapelet, contemplation des mystères joyeux. Première dizaine, l'Annonciation. L'Ange s'adresse à Marie : « Je te salue, Marie, pleine de grâce, le Seigneur est avec toi », etc. On redit dix fois cette parole d'un ange du Ciel, en méditant la réponse de la Vierge : « Je suis la servante du Seigneur », qui fait entrer dans l'âme un rayon céleste. Les quatre dizaines qui suivent : Visitation, Nativité, Présentation au Temple, Retrouvailles dans le Temple, nous font revivre l'enfance de Jésus, avec leur apport de tendresse et de candeur.

Deuxième chapelet, contemplation des mystères lumineux, ajoutés par Jean-Paul II. Premier mystère, le baptême de Jésus. En égrenant les dix Ave, on laisse ses yeux se remplir de la vision de Jésus debout dans le Jourdain, une colombe, symbole de l'Esprit Saint, planant au-dessus de sa tête ; la voix du Père s'élève : « Voici mon Fils Bien-aimé. » Il est facile de rester ainsi sous l'évocation de la Trinité ! Nous méditons ensuite les noces de Cana avec la transformation de l'eau en vin, le Royaume de Dieu offert aux hommes, la Transfiguration de Jésus et sa Présence dans l'Eucharistie. Chacun de ces mystères est nimbé de lumière.

Troisième chapelet, contemplation des mystères douloureux, évoquant l'agonie du Christ à Gethsémani, la flagellation, le couronnement d'épines, le portement de croix, la mort sur le Calvaire. Cette contemplation nous amène à unir la souffrance humaine à la souffrance rédemptrice du Christ.

Quatrième chapelet, contemplation des mystères glorieux, terminant le rosaire sur une vision de gloire : la Résurrection, l'Ascension, la Pentecôte, l'Assomption, le couronnement de Marie. Ces derniers *Ave* nous aident à comprendre que le chemin de la terre, parfois si dur, a un aboutissement de lumière et de joie. À chaque fois, la marche avec Jésus se sent raffermie. Avec nos innombrables frères et sœurs humains, nous avançons vers le Royaume de la Paix et de l'Amour.

Augustin, le saint de Carthage, dans la lave ardente de ses *Confessions*, parle à Dieu, comme celui qui, ayant longtemps erré après tous les appâts, a enfin trouvé son lieu : « Tu nous as faits pour toi, Seigneur, et notre cœur reste inassouvi jusqu'à ce qu'il repose en toi. » Il ressent amèrement la perte des années où les seuls plaisirs étaient le but de sa vie : « J'ai tant tardé à t'aimer, Beauté ancienne et toujours nouvelle, j'ai tardé à t'aimer ! Ah ! Voilà, tu étais dedans, moi dehors et je te cherchais dehors où je me ruais sur tes ouvrages. » Philosophe, fier de son intelligence, le voilà maintenant dans la vérité de l'être et il ressent le besoin de l'exprimer : « Ah ! le pauvre être que je suis, Seigneur, aie pitié de moi... Ah ! le pauvre être que je suis, aie pitié de moi, Seigneur. Ah ! le pauvre être que je suis... Tu es miséricordieux, j'ai de la misère... » Quelle insistance sur sa misère ! Mais, comme pour moi qui ne cesserai de redire le verset du psaume : « Quand un pauvre a crié, Dieu l'écoute », ce cri transforme l'âme torturée d'Augustin : « La joie, en réalité, c'est toi ; vivre heureux, c'est quand la joie a en toi son germe, sa source, son motif. »

Au sujet de cette source inaltérable de bonheur, ma maîtresse des novices disait souvent : « Un saint triste est un triste saint ! » Si elle voyait une novice triste ou trop tendue, elle jugeait qu'elle n'était pas faite pour la vie religieuse. Toute vocation, quand elle est vraie, répond à l'être profond et s'accompagne donc naturellement de joie. J'en ai fait l'expérience avec les nombreux religieux et religieuses que j'ai fréquentés ; les temps de prière qui rythment la journée favorisent une harmonie intérieure qui se traduit dans l'activité par la bonne humeur et même l'enjouement.

Il est intéressant de chercher la source de la joie qu'on rencontre chez ceux qui n'ont rien. Ceux qui sont entrés en contact avec les peuples les plus démunis ont remarqué qu'une joie mystérieuse les habite à travers et malgré leur dénuement même. Il n'y a entre autres qu'à lire *La cité de la joie* de Dominique Lapierre [6]. On se trouve soudain en relation

---

6. D. LAPIERRE, *La cité de la joie*, Paris, Laffont, 1985.

avec des hommes et des femmes au cœur « léger ». Quel est le sens de ce terme ? Léger, sans poids, sans charge qui alourdit la route…, sans compte en banque cause éternelle de souci, sans oripeaux à renouveler sans cesse pour le look, sans course éperdue envers l'argent. Une philosophie de bon sens en fait voir l'impossibilité au pauvre type qui cherche ailleurs son bonheur : où ?

Au bidonville du Caire, j'ai appris que la prière peut devenir source de joie. Les chrétiens aimaient me voir partager leurs soirées où, entassés dans l'une ou l'autre cabane, ils envoyaient vers Allah leurs fervents cantiques : ils les connaissaient par cœur, car ils ne savent pas lire. Ils les hurlaient à pleins poumons, ce n'était guère harmonieux, mais « Dieu écoute la prière du pauvre » autant et qui sait ? même plus peut-être que les plus belles chorales de nos cathédrales.

Ce soir-là, quand les voix enrouées commencent à s'arrêter, Taqi se lève. Je le connais bien, il est mon voisin et il n'a pas très bonne réputation. Cela sous-entend bien des actes douteux. Dans le silence, sa voix s'élève : *Ya Rab, ana khati*, « Ô Seigneur, moi, pécheur. » La tête basse, les épaules rentrées, les yeux à terre, il répète inlassablement ces mots. Ce qui est touchant, c'est l'attitude, comme la voix qui décèle l'homme accablé en souvenir de ses fautes. Soudain il se redresse, se tourne vers l'orient qui symbolise le Christ lumineux quand il apparaîtra à la fin du monde. *Erham, ya Rab*, « Pitié, Seigneur. » La voix redit et redit encore la supplication, elle devient de plus en plus forte, comme étant sûre d'être exaucée. Quand Taki enfin se rassied, je vois son visage, grâce à un rayon de lune, qui traverse le toit en feuille de palmiers. Je le reconnais à peine : il est devenu lumineux, une joie sereine l'habite. Il est sûr que le Dieu de toute bonté lui fait miséricorde. Comme le cri du pécheur se retrouve le même, que ce soit à Carthage, au Ve siècle, celui du théologien Augustin, ou au bidonville du Caire au XXe siècle, celui du traîne-misère Taki ! Chez l'un et l'autre fuse la joie de l'enfant exaucé par son père. L'homme biblique possède sa marque propre.

Que de fois, le front touchant la terre, j'ai repris la prière de Taki, gonflée d'humanité : *Ya Rab, ana khati*, « Ô Seigneur, je suis pécheur. » Quel gargouillis de misère au fond de mon cœur : je ne suis pas meilleure que mes frères et sœurs de la terre, j'ai seulement été entourée d'un environnement protecteur ; je les prends tous avec Taki dans ma prière. Je reste là, prostrée, répétant ces mots près du Christ à Gethsémani portant mes péchés et ceux du monde. Nous avons un sauveur. Redresse-toi, Emmanuelle, répète avec Taki : *Erham, ya Rab*, « Pitié, Seigneur. » Le Christ est mort pour nous, il nous libère. Recommence à chanter.

Oui, j'étais à bonne école au bidonville. Un autre soir, durant l'hiver, j'avais soigneusement fermé la porte de ma cabane, il faisait froid ; je priais comme je pouvais, sans grande envolée. Soudain j'ai entendu une sorte de mélopée qui s'arrêtait et reprenait. Fille d'Ève, j'ai ouvert ma porte : celle de Fauzeya, ma voisine, était ouverte ; elle avait fait du feu avec de vieux cartons. Le sol en terre ne brûle pas, pas plus que les murs en vieux bidons troués ; l'ameublement en tout et pour tout consistait en une paillasse, tout au fond. À la lueur de la flamme, son mari, Feyzi, qui, lui, savait un peu déchiffrer, lisait l'Évangile et s'arrêtait à chaque phrase. Fauzeya la reprenait en chantant. Son visage, comme celui de Taki, était transfiguré. Cette pauvre esclave, souvent battue, était rayonnante : elle avait les yeux fixés sur son Guirguis (Georges) qui à plat ventre (faute d'avoir autre chose pour écrire) faisait son devoir de calcul. À force de supplications, Fauzeya et moi avons obtenu du père qu'il aille à l'école. Elle était sûre, Fauzeya, que le Christ l'aidait à sauver son enfant de ce bidonville de misère. Elle allaitait sa petite dernière, Teresa. Elle était sûre pour elle encore d'un avenir meilleur que le sien. Elle chantait dans cet antre de misère, elle avait une échappée vers l'autre monde ; même si elle n'arrivait pas à sauver ses enfants sur cette terre, elle était sûre de Dieu et de son amour pour l'éternité !

J'ai refermé la porte en silence et j'ai repensé à cette parole de Pascal : « Dieu n'est pas le Dieu des philosophes et des savants, mais le Dieu qui se révèle à Abraham, Isaac et Jacob. » J'ai repensé aussi à cette parole du Christ : « En vérité je vous le dis : quiconque n'accueille pas le Royaume de Dieu en petit enfant n'y entrera pas » (Mc 10, 5) et j'ai fait cette prière : « Seigneur, donne-moi un cœur d'enfant, comme celui de Fauzeya, et des tout-petits, afin que je puisse demeurer avec eux dans ton Royaume. » Combien de fois n'ai-je pas repris cette prière, elle est comme un baume qui apaise l'âme assaillie de doutes et de raisonnements vides.

Aux jours de détresse, la prière se révèle aussi comme un puits bienfaisant. Christian Chesnot enlevé le 24 août 2004, en Irak, en a fait la fabuleuse expérience, durant ses cent-vingt-quatre jours de captivité.

J'étais chrétien, catholique, croyant, mais pas pratiquant, confesse-t-il. Dans la détresse de la captivité, j'ai revu le fil de ma vie et retrouvé un feu sacré qui se passe de doute. Et je ne me pose pas la question si ma prière était sincère ou liée à ma peur. Je sais simplement avoir expérimenté la prière au sens fort... Oui, la prière nous a sauvé la vie [7].

Planche de salut, le murmure des *Notre Père* et des *Je vous salue Marie* était la seule façon pour lui et son compagnon, Georges Malbrunot, de s'arracher à la terreur et de rester éveillés à l'espérance mais le langage est clair. Le « fil » plus ou moins oublié de l'enfance revient à la surface dans le silence de l'abîme. Nous recevons là une grande leçon : pour retrouver le fil perdu qui nous relie à Dieu, il n'est rien de tel que d'être privé du divertissement pascalien, d'une manière non plus aussi tragique mais réelle. Dans le vide obscur où plus rien ne s'offre aux sens, l'homme cherche à tâtons une issue vers la lumière : *De profundis, clamavi ad te, Domine*, « Des profondeurs, j'ai crié vers toi, Seigneur. » Ce cri a été lancé par des milliers et des milliers d'êtres à travers les siècles. Et le miracle permanent, c'est que, selon bien des témoignages, le Ciel répond à sa manière, qui n'est pas la nôtre : le tout, c'est de la comprendre. Quelque chose se passe, une sorte de paix difficile à analyser se déverse souvent sur la plaie vive comme un onguent adoucissant : à une condition cependant, que l'adulte révolté ne réclame pas de comptes à Dieu, mais lui demande cette grâce : retrouver la foi de son enfance. Quelle est la réponse à cet appel ? C'est une lente évolution qui amène à assumer sa souffrance avec et comme le Christ en croix. Une métamorphose s'opère, celle d'être en quelque sorte « humanisé »,

7. *La Croix,* 19-20 février 2005.

« fraternisé », « universalisé » ; « désarmé » d'une fallacieuse supériorité, l'homme peut alors s'ouvrir à une authentique fraternité dans une acceptation de la faiblesse congénitale de notre nature humaine.

Un des exemples les plus incroyables de la joie dans la souffrance la plus atroce est celle absolument authentique du P. Maximilien Kolbe, polonais. Jeté dans le cachot de la géhenne, il n'a pas cessé, lui, le chantre de l'Immaculée, d'adresser des cantiques joyeux vers le ciel. Sa prière ne s'arrêta qu'avec son dernier soupir. La prison ouverte, on vit le visage du Père d'une maigreur effrayante, mais illuminé d'une joie céleste.

En quoi le Père avait-il puisé cet incroyable héroïsme ? En lui ? Plutôt en Dieu, inlassablement prié, avec Marie dont il avait fait son intercesseur auprès du Très-Haut.

Chacun a sa manière de prier. Le curé d'Ars, grand spécialiste en la matière, passait de longues heures la nuit devant le Tabernacle ; il y rencontrait parfois un brave homme du village. « Que fais-tu là, mon ami, auprès du Seigneur ? », lui demanda-t-il un jour. Il reçut comme seule réponse : « Je l'avise et il m'avise. » Le saint en fut ébloui. Le cœur de cet homme était simplement branché sur le Cœur de Dieu ! Cela lui suffisait. Sûr d'être aimé du Christ, il restait là, devant lui, en silence, comblé de sa Présence. Quoi de meilleur que de se baigner dans l'Amour !

Dans le même genre d'inspiration, je transmets ici cette confidence d'une de mes sœurs de Sion. « Ma première expérience forte de prière, je l'ai faite à dix-huit ans. J'étais en terminale, je savais que le Seigneur m'appelait. En récollection (retraite) je suis allée chez les Sœurs de Béthanie. Dans la chapelle, le Saint Sacrement était exposé. Derrière les grilles, je suis restée très longtemps, fascinée par l'ostensoir. Je ne pouvais que dire : "J'aime" en le regardant, regarder en l'aimant. Je n'avais aucune idée de la prière personnelle. Je n'étais allée à aucune session sur la prière. Je n'avais participé à aucun groupe de prière. Je n'avais aucune méthode de prière. C'était la grande pauvreté. Le Seigneur s'est servi de cette pauvreté pour m'enseigner à l'intime de moi-même. C'était la prière du cœur. Je savais que le Seigneur m'aimait et que je l'aimais. C'était tout. »

Quelle merveille de voir le Christ faisant irruption dans un dénuement total pour un enseignement d'amour !

Curieusement parlant, je suis passée par la même expérience. Dans mes vingt ans, je me trouvais à Londres *to speak English*, pour parler anglais, chez ma cousine, supérieure dans la congrégation de Notre-Dame-de-Sion. Je me sentais moi aussi appelée à la vie religieuse, mais je ne savais pas où. Ma cousine, Mère Fidélis, ne voulant pas faire pression sur moi, m'avait donné des adresses de couvents à visiter, mais rien ne m'attirait spécialement. Elle me dit alors : « Écoute, Madeleine, je te conseille de faire une retraite d'élection.

— Qu'est-ce que ça veut dire ?

— Que tu vas uniquement prier pour savoir exactement où Dieu t'appelle. Je ne désire pas que tu la fasses chez nous, pour que tu te sentes libre, hors de toute influence de Sion. Veux-tu aller près de Londres, chez les Sœurs du Cénacle ? Elles ont le Saint Sacrement exposé, c'est bon de prier ainsi devant le Seigneur durant trois jours.

– Et moi qui n'arrive pas à me décider, après trois jours, je saurai où aller ? Je n'y crois pas trop, mais on peut essayer, pourquoi pas ! »

Mère Fidélis se mit à rire : « Fille de Thomas, le douteur, tu verras, tu seras éclairée comme il le fut à sa manière. »

Me voilà préparant et déposant ma valise à la loge pour la reprendre et partir au Cénacle. Arrivée là-bas, je suis introduite dans une petite chambre claire donnant sur le jardin. Bien, ça me va. J'ouvre ma valise : cahiers et livres d'une élève... je m'étais trompée ! C'était le soir, je ne pouvais pas repartir... je n'avais rien, rien. Bon, ça commence bien, dans le dépouillement complet ! Je vais aller prier dans la nudité... c'est pas mal, ça commence bien !

Le lendemain arrive le P. Leroux, envoyé par Mère Fidélis, avec ma fameuse valise ! Nous faisons l'échange. Il me donne quelques points de méditation de l'Évangile et me dit : « Surtout ne vous tendez pas ; restez paisible dans la méditation et la prière ; allez de temps en temps respirer au jardin en vous promenant, en admirant le nature, cadeau de Dieu. »

Comme la confidence que m'a faite ma sœur, c'est vrai, j'ai ressenti moi aussi, comme une irradiation de l'Hostie exposée, je me sentais moi aussi aimée ; mais une lumière sur mon avenir, point... Le troisième jour, veille du départ, le Père me dit :

« Vous êtes en retraite d'élection, donc il s'agit de choisir.

– Oui, soupirai-je, toujours incrédule sur l'effet de la retraite.

– C'est simple ; prenez une grande feuille de papier, pliez-la en deux, d'un côté, écrivez les raisons qui vous poussent vers un couvent, de l'autre côté les obstacles et pourquoi ne pas vous marier. Ceci fait, écrivez votre décision, couvent ou mariage.

— Sur ce point, je suis déjà décidée, mon Père : couvent.

— Bien, mais ce n'est pas mal de réfléchir sur vos raisons. D'accord ?

— Oui.

— Ensuite décrivez les couvents que vous avez visités, en quoi ils vous plaisent d'un côté, en quoi ils vous déplaisent de l'autre.

— Aucun ne me plaît.

— Bien, alors priez doucement l'Esprit Saint, vous recevrez une lumière. »

Sur ces paroles consolantes, mais que je ne croyais guère, il me quitte. Il avait pris soin d'ajouter de réfléchir d'abord calmement sur ces points devant le Saint Sacrement à la chapelle, avant d'aller écrire dans ma chambre. J'ai suivi ponctuellement ses conseils qui me paraissaient judicieux. À genoux devant l'Hostie, je réfléchissais, en répétant de temps en temps : « Seigneur, éclaire-moi » en n'y croyant pourtant pas trop. Je retourne dans ma chambre et écris avec application mes conclusions. Chaque couvent visité était accompagné d'un « non » vigoureux. J'avais laissé Sion pour la fin. À croire ou non, dès que j'ai écrit « Congrégation Notre-Dame-de-Sion », ma main ajoute « oui » avec des raisons qui m'apparaissent soudain claires comme le jour : vie spirituelle profonde — j'avais remarqué le recueillement des sœurs à la chapelle, la manière simple mais convaincante dont elles parlaient de la joie reçue, de leurs vœux religieux, de leur charité mutuelle ; ce qui m'attirait le plus, c'étaient les enfants pauvres de leur école aux quelles elles donnaient une sérieuse instruction pour les préparer à un avenir meilleur. Curieux tout de même, j'avais vu tout cela avant, ça m'avait plu, mais sans y attacher d'importance. Mais maintenant tout à coup, quel relief !

Rentrée à Sion, j'ai dit en riant à Mère Fidélis : « Comme Thomas, j'ai vu et j'ai cru ! » Elle m'a répondu : « Tu sais, toute la communauté des sœurs a prié pour toi » et en m'embrassant : « Tu verras, tu seras heureuse à Sion. » Ce fut vrai, j'y suis depuis plus de soixante-dix ans et j'y mourrai dans la joie !

Sainte Catherine de Sienne, elle, était favorisée de colloques avec le Christ – cela ne m'est jamais arrivé, la foi pure, c'est bon aussi. Un jour, elle entendit Jésus lui dire : « Je suis celui qui suis, tu es celle qui n'est pas. » Toute une théologie est cachée dans ces mots qui firent jaillir en elle une nouvelle source de prière, prière du pauvre s'il en est ! Je me suis souvent inspirée de cette révélation en parlant au Christ : « Toi, tu es, Seigneur, Dieu de Dieu, Lumière de Lumière et moi qui suis-je ? Un néant à qui tu donnes l'existence. Je t'en supplie, fais passer en moi ton souffle de vie, de vérité ; déchire ma ténèbre, dissipe le mensonge qui me gonfle : cette intelligence, cette volonté, ces activités passées et présentes dont je suis si fière comme si j'en étais la créatrice et la propriétaire. Seigneur, l'être que je suis vient cent pour cent de toi, moi seule je ne suis que néant. Louange à toi, Seigneur, l'Être que j'aspire à chaque seconde comme l'enfant rattaché à sa mère. Ô mon âme, respire Dieu, chante Dieu, ton Créateur et ton Père Bien-aimé ! »

Saint Nicolas de Flüe, patron de la Suisse a parfaitement exprimé la prière pour obtenir la dépossession de soi :

Prends-moi, Seigneur, ce qui m'éloigne de toi,
donne-moi ce qui me rapproche de toi,
prends-moi à moi et donne-moi tout à toi.

Le pauvre est toujours celui qui a compris que jamais il n'arrivera par ses propres forces au dépouillement de sa nature égocentrique et orgueilleuse. Seul, le Seigneur dans sa puissance pourra lui donner cette grâce incomparable.

De cette conviction est née la prière de Jésus ou *prière du cœur*. Un moine russe itinérant en avait fait sa seule oraison, sans cesse murmurée le long du chemin : « Seigneur Jésus, fils de David, aie pitié de moi, pécheur. »

Ceux qui l'utilisent et la répètent des centaines de fois dans la journée affirment qu'elle fait porter le regard sur le Christ, dans l'oubli de soi, plonge l'âme et le corps dans la sérénité au-delà des contingences humaines et, nécessairement, porte vers les autres. Quand je la dis et la redis, je me sens effectivement dégagée du poids de moi-même, j'ai l'impression qu'à travers les aléas du jour, je marche allègrement vers l'univers divin, en y entraînant l'humanité.

Nous retrouvons ici le Psaume 131, préféré de la petite Thérèse :

Seigneur, mon cœur ne s'est pas gonflé,
je tiens mon âme en paix et en silence
comme un petit enfant contre sa mère.

L'image est suggestive, l'âme est en sécurité, elle n'a pas peur de sa faiblesse, de son incapacité, puisque sa mère est si proche : nous retrouvons la spiritualité du jeune Docteur de l'Église, la petite

Thérèse. Combien furent renversés quand Jean-Paul II conféra ce titre à cette carmélite qui paraissait n'avoir rien d'extraordinaire... sauf « la petite voie » de l'enfant confiant en Dieu !

Le Père de Foucauld nous apprend, lui aussi, à nous approcher chaque jour un peu plus du Cœur de Jésus qui nous donne au Père ; ainsi, nous pouvons nous offrir corps et âme à l'Amour divin :

> Mon Père,
> je m'abandonne à vous,
> faites de moi ce qu'il vous plaira.
> Quoi que vous fassiez de moi,
> je vous remercie.
> Je suis prêt à tout,
> j'accepte tout.
> Pourvu que votre volonté se fasse en moi,
> en toutes vos créatures,
> je ne désire rien d'autre, mon Dieu.
> Je remets mon âme entre vos mains.
> Je vous la donne, mon Dieu,
> avec tout l'amour de mon cœur,
> parce que je vous aime,
> et que ce m'est un besoin d'amour de me donner,
> de me remettre entre vos mains sans mesure,
> avec une infinie confiance,
> car vous êtes mon Père.

Charles de Foucauld.

Prononcer avec recueillement cette prière, c'est s'en remettre avec allégresse à la Grandeur, la Science, la Vitalité sans limites du Très-Haut. C'est reposant de laisser son devenir entre les mains d'un

Dieu-Père. L'Amour ne donnera-t-il pas l'assurance qu'on peut suivre l'être aimé, il ne vous trompera jamais.

Une personne dont j'ai oublié le nom m'a un jour envoyé ce texte que depuis j'ai lu, relu, médité, remédité et savouré. Je pense qu'il pourra en aider d'autres !

Aime-moi tel que tu es

Moi, ton Dieu, je connais ta misère, les combats et les tribulations de ton âme, la faiblesse et les infirmités de ton corps ; je sais ta lâcheté, tes péchés, tes défaillances ; je te le dis quand même : « Donne-moi ton cœur, aime-moi comme tu es. »

Si tu attends d'être un ange pour te livrer à l'amour, tu ne m'aimeras jamais. Même si tu retombes souvent dans ces fautes que tu voudrais ne jamais connaître, même si tu es lâche dans la pratique de la vertu, je ne te permets pas de ne pas m'aimer.

Aime-moi comme tu es. À chaque instant et dans quelque position que tu te trouves, dans la ferveur ou dans la sécheresse, dans la fidélité ou dans l'infidélité.

Aime-moi tel que tu es. Je veux l'amour de ton cœur indigent. Si, pour m'aimer, tu attends d'être parfait, tu ne m'aimeras jamais.

Mon enfant, laisse-moi t'aimer, je veux ton cœur. Je compte bien te former, mais en attendant, je t'aime comme tu es. Et je souhaite que tu fasses de même ; je désire voir, du fond de ta misère, monter l'amour. J'aime en toi jusqu'à ta faiblesse. J'aime l'amour des pauvres. Je veux que, de l'indigence, s'élève continûment ce cri : Seigneur, je vous aime. C'est le chant de ton cœur qui m'importe. Qu'ai-je besoin de ta science et de tes talents ? Ce ne sont pas des vertus que je te demande, et si je t'en donnais, tu es si faible que bientôt l'amour-propre s'y mêlerait. Ne t'inquiète pas de cela.

J'aurais pu te destiner à de grandes choses. Non, tu seras le serviteur inutile ; je te prendrai même le peu que tu as, car je t'ai créé pour l'amour. Aime ! L'amour te fera faire tout le reste sans que tu y penses ; ne cherche qu'à remplir le moment présent de ton amour.

Aujourd'hui je me tiens à la porte de ton cœur, comme un mendiant, moi, le Seigneur des seigneurs.

Je frappe et j'attends, hâte-toi de m'ouvrir, n'allègue pas ta misère. Ton indigence, si tu la connaissais pleinement, tu mourrais de douleur. Cela seul qui pourrait me blesser, ce serait de te voir douter et manquer de confiance.

Je veux que tu penses à moi à chaque heure du jour et de la nuit, je ne veux pas que tu poses l'action la plus insignifiante pour un motif autre que l'amour.

Quand il te faudra souffrir, je te donnerai la force. Tu m'as donné l'amour, je te donnerai d'aimer au-delà de ce que tu as pu rêver. Mais souviens-toi : « Aime-moi, tel que tu es. » N'attends pas d'être un saint pour te livrer à l'amour, sinon tu ne m'aimeras jamais [8].

Sébastien Poirier.

Les termes de ce texte sont pour moi flamboyants, car enfin, je m'excuse de me répéter, mais ce qui me trouble le plus, ce sont mes faiblesses, lâchetés renouvelées, je n'arrive pas à me contrôler et voilà que le Seigneur me parle comme si toute cette misère lui paraît en un sens naturelle et ne change en rien sa tendresse, Il n'exige pas une sainteté que je n'arrive pas à

---

8. *La Croix,* 19-20 février 2005.

atteindre ! Ce dépit sur moi est tellement dans ma peau qu'il m'est salutaire de découvrir de temps à autre une nouvelle preuve du Cœur miséricordieux. C'est tellement consolant de lire que Jésus ne me demande qu'une chose : lui redire que je l'aime au milieu même de mon impuissance qui, à mes yeux, m'empêche de l'aimer. Ça, c'est tout de même formidable. Ce qui l'intéresse donc, c'est la prière du pauvre, qui, au fond de son néant même, veut l'aimer... ah ! oui, « Jérôme, donne-moi tes péchés. » (cf. plus haut).

Un de nos contemporains, le bénédictin Laurence Freeman, suggère une voie de contemplation qui mène à la compassion universelle. Je copie ces lignes de l'excellente revue *Prier*[9] :

> Répéter continuellement en notre cœur un mot, un nom ou une formule sacrée comparable à la prière de Jésus orthodoxe ou au mantra des religions orientales... invocation conduisant à la pauvreté en esprit dont parle l'Évangile, à savoir l'abandon de toutes les richesses de la pensée et de l'imagination... on ne parle pas à Dieu... on prie « en lui », par Jésus et par l'Esprit... ce mot peut être Jésus – dont l'invocation est si ancienne dans l'Église – ou Abba, Père, mot araméen employé par Jésus pour prier et qui nous relie à son humanité. Maranatha, Viens, Seigneur (dernier mot de l'Apocalypse). Il est bon de garder le même de jour en jour et même la vie entière... Que ce soit dans la rue, chez le dentiste ou sous la douche, la prière peut alors monter spontanément en nous, silencieuse et naturelle... jusqu'à être finalement « conformés » à lui.

---

9. *Prier,* n° 270, avril 2005.

Je suis entièrement de l'avis de Freeman. Deux mots très simples souvent murmurés me permettent de me tourner souvent vers Dieu : « Maman, Jésus »... cri du petit qui ne sait pas encore parler mais qui exprime ce que son petit cœur ressent d'amour pour celle qui nuit et jour l'entoure de sa prédilection. « Jésus », l'appel qui retentit depuis des siècles sur les lèvres de millions d'hommes et de femmes. C'est ainsi que des centaines de fois par jour « Maman, Jésus » s'échappe de mon âme, que je me lève, me couche, que j'écrive, marche, visite les malades. L'élan de mes pieds, la saveur de mes lèvres, le regard de mes yeux, la force dans ma fatigue, la joie de vivre, en résumé tout trouve dans cette aspiration le sens de ma vie. Ce n'est pas une exaltation perdue dans les nuages, c'est au contraire très concret... Si je m'échauffe en en parlant, c'est parce que « Maman, Jésus » fait couler la chaleur dans mes veines. Qui lance de même un appel de ce genre me comprendra. Quant aux autres... ?

IV
Florilège de prières

J'ai collecté à travers les années un florilège de prières. C'est une méthode très simple que chacun peut suivre : elle permet d'avoir sous la main des pages précieuses dans lesquelles on puise quand on se sent impuissant à se recueillir. En voici quelques exemplaires.

La carmélite sœur Élisabeth de la Trinité a fait, elle aussi, de sa vie, une louange merveilleuse à Dieu. Témoin cette prière qui a nourri nombre de chrétiens :

Ô mon Dieu, Trinité que j'adore, aidez-moi à m'oublier entièrement pour m'établir en vous, immobile et paisible comme si déjà mon âme était dans l'éternité. Que rien ne puisse troubler ma paix, ni me faire sortir de vous, ô mon Immuable, mais que chaque minute m'emporte plus loin dans la profondeur de votre Mystère [...].

Ô mon Christ aimé, crucifié par amour, je voudrais être une épouse pour votre Cœur, je voudrais vous couvrir de gloire, je voudrais vous aimer... jusqu'à en mourir ! Mais je sens mon impuissance et je vous demande de me « revêtir de vous-même », d'identifier mon âme à tous les mouvements de votre âme, de me submerger, de m'envahir, de vous substituer à moi, afin que ma vie ne soit qu'un rayonnement de votre Vie [...].

Ô Verbe éternel, Parole de mon Dieu, je veux passer ma vie à vous écouter, je veux me faire tout enseignable, afin d'apprendre tout de vous. Puis, à travers toutes les nuits, tous les vides, toutes les impuissances, je veux vous fixer toujours et demeurer sous votre grande lumière ; ô mon astre aimé, fascinez-moi [...].

Ô feu consumant, Esprit d'amour, « survenez en moi », afin qu'il se fasse en mon âme comme une incarnation du Verbe : que je lui sois une humanité de surcroît en laquelle il renouvelle tout son Mystère. Et vous, ô Père, penchez-vous vers votre pauvre petite créature, « couvrez-la de votre ombre », ne voyez en elle que le « Bien-aimé en lequel vous avez mis toutes vos complaisances ».

Ô mes Trois, mon Tout, ma Béatitude, Solitude infinie, Immensité où je me perds, je me livre à vous comme une proie. Ensevelissez-vous en moi pour que je m'ensevelisse en vous, en attendant d'aller contempler en votre lumière l'abîme de vos grandeurs [10].

« Ô mon Dieu, Trinité que j'adore... » Élisabeth nous entraîne à fixer notre regard sur la Trinité sainte, dont la contemplation demande impérativement un cœur de pauvre. Ressentant la radicale impossibilité de s'élever vers ce sommet, Élisabeth supplie le Christ de la « submerger » de l'« envahir » comme

---

10. Extrait de *Élisabeth de la Trinité racontée par elle-même*, Paris, Éditions du Cerf, 1988.

une goutte qui se perd dans l'océan. Il s'agit de se faire tout « enseignable », avide d'apprendre Dieu, lui seul. Morte jeune comme Thérèse, Élisabeth a eu le temps de nous laisser comprendre que l'âme ne doit jamais se décourager, quels que soient « les nuits, les vides, les impuissances » mais rester, à travers tout, sereine, sans rien voir ni sentir, fixée dans le Christ, Lumière invisible non point humaine, mais divine... donc inaccessible à nos sens. Voici le terme de cette oraison qui a été spécialement retenu : devenir « une humanité de surcroît » quelle que soit sa misère, car Élisabeth est convaincue que tout est possible dès lors qu'on demande à l'Esprit d'Amour de réaliser de nouveau en notre âme la descente du Verbe... On ose alors supplier le Père de se pencher sur « sa pauvre petite créature... en la couvrant de son ombre » comme au Temple de Salomon ; le Saint des Saints était recouvert par l'ombre de la *Shekinah*, la Gloire de Dieu.

Dans certaines congrégations, les religieuses au moment de leur consécration, sont ensevelies sous un voile, symbole de leur détachement des affaires du monde et de leur attachement à celles du seul Seigneur. L'oraison d'Élisabeth demande au Très-Haut un double ensevelissement : lui en moi, pauvre petite créature, et moi en lui, Immensité infinie. Je peux témoigner avec tant de priants de l'impact de cette oraison ; à travers son impuissante nullité – et sans doute parce qu'elle est reconnue et acceptée – l'être est emporté comme sur des ailes d'aigle dans le Royaume supraterrestre de l'Amour immortel.

Six siècles auparavant, François d'Assise avait lui aussi lancé à Dieu un appel d'une telle envergure qu'il est devenu un inspirateur universel :

Seigneur, faites de moi
un instrument de votre paix

Là où est la haine, que je mette l'amour.
Là où est l'offense, que je mette le pardon.
Là où est la discorde, que je mette l'union.
Là où est l'erreur, que je mette la vérité.
Là où est le doute, que je mette la foi.
Là où est le désespoir, que je mette l'espérance.
Là où sont les ténèbres, que je mette la lumière.
Là où est la tristesse, que je mette la joie.

Faites que je ne cherche pas tant
à être consolé qu'à consoler,
à être compris qu'à comprendre,
à être aimé qu'à aimer.

Parce que c'est en donnant que l'on reçoit,
c'est en s'oubliant soi-même que l'on se trouve,
c'est en pardonnant que l'on trouve le pardon,
c'est en mourant que l'on ressuscite à la vie
éternelle.

Saint François d'Assise.

Le petit pauvre d'Assise l'avait compris : les analyses serrées des maux de la terre et les beaux discours pour exhorter les autres à s'y attaquer – nous en sommes saturés – n'aboutissent guère. Sa méthode beaucoup plus simple est autrement efficace : être lui, François, semeur d'Amour par sa fraîche tendresse et sa chaleureuse amitié ; être tellement uni au Christ qu'une source divine s'écoule de lui pour atteindre chacun de ceux qu'il rencontre.

Serait-ce un rêve ? Pourrions-nous le réaliser,

nous aussi, en nous efforçant d'être, à notre tour, des semeurs d'Amour ?... et par le fait des receleurs de joie !

En effet, dans la deuxième partie de sa prière, François dévoile le secret du bonheur sur terre ! Ceux qui comme lui essaient de se pencher sur les autres plutôt que de rester penchés sur eux-mêmes le savent ; la marche en cordée, la main dans la main donne à la vie un délicat parfum, c'est délectable de laisser battre son cœur au rythme de ses frères et sœurs en humanité. Le paradoxe présenté par François devient réalité : mourir d'une manière ou l'autre à son *ego* porte un germe de résurrection !

Intéressons-nous à présent à l'un des plus beaux poèmes de Claudel.

La Vierge à midi

Il est midi. Je vois l'église ouverte, il faut entrer.
Mère de Jésus-Christ, je ne viens pas prier.

Je n'ai rien à offrir et rien à demander.
Je viens seulement, Mère, pour vous regarder.

Vous regarder, pleurer de bonheur, savoir cela
Que je suis votre fils et que vous êtes là.

Rien que pour un moment pendant que tout s'arrête.
Midi !
Être avec vous, Marie, en ce lieu où vous êtes.

Ne rien dire, regarder votre visage,
Laisser le cœur chanter dans son propre langage,

105

Ne rien dire, mais seulement chanter parce qu'on
a le cœur trop plein,
Comme le merle qui suit son idée en ces espèces
de couplets soudains.

Parce que vous êtes belle,
parce que vous êtes immaculée,
La femme dans la Grâce enfin restituée,
La créature dans son honneur premier et dans
son épanouissement final,
Telle qu'elle est sortie de Dieu au matin de sa
splendeur originale.

Intacte ineffablement parce que vous êtes la Mère
de Jésus-Christ,
Qui est la vérité entre vos bras, et la seule
espérance et le seul fruit.

Parce que vous êtes la femme, l'Éden de l'ancienne
tendresse oubliée,
Dont le regard trouve le cœur tout à coup et fait
jaillir les larmes accumulées

Parce qu'il est midi, parce que nous sommes en ce
jour d'aujourd'hui,
Parce que vous êtes là pour toujours,
Simplement parce que vous êtes Marie,
Simplement parce que vous existez,
Mère de Jésus-Christ, soyez remerciée !

Paul Claudel [11].

---

11. *Poèmes de guerre (1914-1916)* Paris, Gallimard, 1922.

Cette prière nous apporte avec tant d'autres une rosée rafraîchissante, on ne se lasse pas de la méditer, de contempler la Beauté « dans sa splendeur originale ». Oui, dans la neige souillée de notre planète, existe une Femme d'une blancheur éblouissante. Même Mohamed, le fondateur de l'islam, affirme qu'à sa naissance, les anges ont fait cercle autour d'elle, pour que Satan ne puisse l'approcher !

Il me faut raconter un fait terrible et superbe qui se rapporte à *La Vierge à midi*. Un rescapé des camps nazis nous l'a transmis. Parmi les détenus, se trouvait un jeune Juif qui ne devait pas avoir plus qu'une vingtaine d'années. Dans le wagon les entraînant vers la mort, il n'avait cessé de se moquer de Dieu et de toute religion. À l'arrivée au camp, le chef nazi, on ne sait pourquoi, s'attaque à lui, lui ordonne de se mettre à genoux et de sauter. Quand le malheureux s'arrêtait, il était roué de coups pour qu'il recommence. Ce supplice dura toute la matinée, sous le regard épouvanté et impuissant des autres prisonniers. Vers l'heure de midi, enfin épuisé jusqu'à la mort, il resta inerte sur le sol, sans force pour réagir. Dans le silence horrifié des assistants, se faisaient seuls entendre les grincements du gourdin sur le corps d'où coulait le sang. Soudain, une petite voix étrange, brisée, haletante se fit entendre : « Il est midi... je vois... l'église... ouverte... Mère de Jésus-Christ, je ne viens... pas... prier... Je n'ai rien à... offrir et... rien... à demander. » Privée de souffle, la voix s'arrête, à peine audible, cassée, elle râla : « Je... viens... seulement... Mère... pour... vous... re... gar... der... » Le petit filet de son s'arrêta : le fils d'Abraham était parti contempler la Vierge d'Israël, fille d'Abraham comme lui.

C'est beau de redire les paroles de *La Vierge à midi*, avec ce jeune martyrisé : « Je viens seulement, Mère, avec lui pour te contempler. » Le colloque s'établit ; être avec Marie, c'est être avec tous les humains ; il suffit de se tenir là, en remerciant Dieu avec elle de l'avoir créée « dans la grâce enfin restituée » ; franchement, on ne s'arrête plus à sa pauvreté, puisque, sans rien pouvoir lui offrir, on reste là, à la regarder, à savoir qu'on est son enfant, son enfant à elle, l'Immaculée... en se rappelant ces paroles de la petite Thérèse : « Les trésors de la mère appartiennent à l'enfant » ! Je termine par la conclusion que notre jeune Juif mourant n'a pas pu prononcer : « Simplement parce que vous existez, Mère de Jésus-Christ, soyez remerciée ! »

Certains préfèrent s'adresser directement à Dieu, avec leurs simples mots à eux. Témoin cette *Prière du matin de papa* que m'a confiée un ami. Il admirait beaucoup son père à la foi profonde ; syro-libanais, il avait passé sa vie à faire le bien, en gérant des affaires importantes sans oublier le souci des autres :

Prière du matin de papa

Cette journée est à vous.
Dès le réveil avant que les soucis ne m'assaillent,
ma pensée se tourne vers vous, mon Dieu.
Merci pour ce repos que vous m'avez donné,
pour toutes les forces retrouvées
et que je voudrais mettre à votre service
pendant cette journée.

Je vous confie tout ce qui m'attend
au cours de cette journée.

Tandis que tout est calme encore,
je me sens tout près de vous et je vous retrouve.

Tous ceux que j'aime,
tous ceux que vous m'avez confiés,
tous ceux pour qui je vais militer,
tous ceux avec qui je vais collaborer,
tous ceux que je devrai affronter,
tous ceux par qui, peut-être, je vais souffrir,
gardez-les de tout mal.

Toute cette journée, sur vous je m'appuierai,
vous que n'atteint aucune catastrophe,
vous que le péché des hommes peut offenser
mais non diminuer,
vous que rien ne surprend parce que vous êtes
l'auteur de toutes choses
et la Providence du monde.

Aussi vers vous je me retourne avec assurance,
au début de cette journée
pour moi si pleine d'imprévu,
je mets en vous ma confiance.
Servez-vous donc de moi pour que le bien se fasse.

Cette journée est à vous, faites que je la passe
selon votre volonté.

Quoi de plus direct, de plus simple que ces premiers
mots : « Cette journée est à vous » au saut du lit, « avant
que les soucis ne m'assaillent », « tourner sa pensée vers
Dieu » et tout simplement lui confier chaque rencontre
pour qu'elle se déroule dans la paix. On peut alors dire
dans la confiance : *Yalla*, en avant, Dieu est avec nous !

Mère Teresa a composé pour les Missionnaires de la Charité, un ensemble de prières dont l'une paraît plus belle que les autres :

Je te donne mon cœur

Seigneur, veux-tu mes mains
pour passer cette journée
à aider les pauvres et les malades
qui en ont besoin ?
Seigneur, aujourd'hui
je te donne mes mains.

Seigneur, veux-tu mes pieds
pour passer cette journée
à visiter ceux qui ont besoin
d'un ami ?
Seigneur, aujourd'hui
je te donne mes pieds.

Seigneur, veux-tu ma voix
pour passer cette journée
à parler avec ceux qui ont besoin
de paroles d'amour ?
Seigneur, aujourd'hui,
je te donne ma voix.

Seigneur, veux-tu mon cœur
pour passer cette journée
à aimer chaque homme seul,
rien que parce qu'il est un homme ?
Seigneur, aujourd'hui
je te donne mon cœur.

Pour servir, Seigneur

Seigneur,
quand j'ai faim,
    donne-moi quelqu'un
    qui a besoin de nourriture ;
quand j'ai soif,
    donne-moi quelqu'un
    qui a besoin d'une boisson ;
quand j'ai froid
    envoie-moi quelqu'un à réchauffer ;
quand j'ai une contrariété,
    offre-moi quelqu'un à consoler ;
quand ma croix devient pesante,
    fais-moi partager la croix d'un autre ;
quand je suis pauvre,
    guide-moi vers quelqu'un
    dans le besoin ;
quand je n'ai pas le temps,
    donne-moi quelqu'un que je puisse
    aider pour quelques instants ;
quand je suis humiliée,
    fais que j'aie quelqu'un à louer ;
quand je suis découragée,
    envoie-moi quelqu'un à encourager ;
quand j'ai besoin
    de la compréhension des autres,
    donne-moi quelqu'un
    qui a besoin de la mienne ;
quand j'ai besoin que l'on s'occupe de moi,
    envoie-moi quelqu'un
    dont je puisse m'occuper ;
quand je pense à moi seule,

attire mon attention
sur une autre personne.

Rends-nous dignes, Seigneur, de servir nos frères
qui de par le monde vivent et meurent
pauvres et affamés.

Donne-leur aujourd'hui,
en utilisant nos mains,
leur pain quotidien,
et donne-leur,
par notre amour compréhensif,
paix et joie.

Le Christ est la vie que je veux vivre

Seigneur,
tu es la vie que je veux vivre,
la lumière que je veux réfléchir,
le chemin vers le Père,
l'amour que je veux aimer,
la joie que je veux partager,
la joie que je veux semer autour de moi.
Jésus, tu es tout pour moi,
sans toi je ne puis rien.
Tu es le Pain de vie que l'Église me donne.
C'est par toi, en toi, avec toi
que je veux vivre [12].

---

12. Mère TERESA, *Prières,* Paris, Téqui, 1997.

Dans la même optique que la *Prière du matin de papa*, la première des trois prières commence le labeur du jour par une remise entre les mains de Dieu. Il est sécurisant de lui offrir les mains qui vont en serrer d'autres, les pieds qui vont marcher vers l'autre, la voix qui va parler à l'autre, le cœur surtout créé pour aimer l'autre ! On redit avec saint Paul appuyé sur Dieu : « Je peux tout en Celui qui me fortifie. »

La deuxième prière est un chef-d'œuvre de penchant vers l'autre aux moments mêmes où l'on serait porté à s'occuper davantage de soi. Mère Teresa offre à ses sœurs le moyen le plus direct pour sauter au-dessus des misères qui nous encombrent tous et provoquent tristesse et dépression. Le fait de regarder qui souffre plus que soi oblige nécessairement à ne pas dramatiser sa propre souffrance. Avec saint Vincent de Paul, elle juge que le service du pauvre est un honneur ; il faut demander au Seigneur de nous en rendre dignes !

Nous retrouvons partout la *sequela Christi*, la marche à la suite du Christ s'incarnant, non « pour être servi, mais pour servir » : s'approcher de lui dans la prière aide à le comprendre. C'est le sens de la troisième oraison : elle est vibrante de foi, d'enthousiasme. Elle est sûre, Mère Teresa, qu'avec le Christ, tout est gagné, la vie n'est plus une aventure aux aléas divers, mais une marche de lumière, d'amour et de joie.

Je voudrais présenter comme dernière prière des pauvres, celle adressée à Marie pour se consacrer totalement à elle afin qu'elle devienne la maîtresse absolue de nos actions et les valorise.

Consécration à Jésus par Marie
de saint Louis-Marie Grignion de Montfort

Nous te choisissons, ô Marie,
en présence de toute la cour céleste
pour notre Mère et notre Reine.
Nous te livrons et consacrons
en toute soumission et amour
nos corps et nos âmes,
nos biens intérieurs et extérieurs
et la valeur même de nos bonnes actions
passées, présentes et futures,
te laissant un entier et plein droit,
de disposer de nous et de tout ce qui nous appartient
sans exception, selon ton bon plaisir,
à la plus grande gloire de Dieu
dans le temps et l'éternité,
Amen.

Jean-Paul II a avoué que, dans les premières années de sa vie sacerdotale, il n'appréciait pas le recours renouvelé à Marie. En France, je crois, il a été initié à la spiritualité de saint Louis-Marie Grignion de Montfort centrée sur la Vierge. Il avait comme devise : *Totus tuus*, « Tout à toi », et son apostolat était affermi par le recours à la Mère de Dieu, devenue sa propre mère.

Dans ce petit livre, je reviens souvent sur la requête à Marie. Je sais que certains comprendront mal cette insistance et leur point de vue n'est pas sans valeur... mais il n'est pas le mien !

Si je n'hésite pas à citer Grignion de Montfort, c'est parce que je pense ceci : parmi les pauvres de cœur qui me liront, l'un ou l'autre trouvera sa lumière dans la dévotion à Marie. Il passera alors, comme pour le pape, pour combien d'autres et pour moi, à un stade supérieur de spiritualité et de don de soi. J'affirme, en toute vérité, que ma vie n'aurait jamais pu avoir cette vibration d'amour pour Dieu et l'enfance malheureuse sans l'appui constant que j'ai trouvé dans le recours à la Vierge ; je sais qu'elle a été et sera la source de joie débordante qui me donne la force de me battre et de rebondir à travers les obstacles qui ne manquent pas dans l'existence ! Saint Grignion affirmait que passer par la Mère de Jésus était le chemin le plus direct pour faire de ses jours un authentique colloque avec le Ciel et avec la terre : elle vivait, elle, autant tournée vers l'Au-delà que vers l'humanité. Il suffit pour le comprendre de lire ses furtives apparitions dans l'Évangile où « elle gardait tout dans son cœur » (Lc 2, 51) ; préoccupée des autres, elle s'inquiète du vin qui manque (Jn 2). Jésus savait ce qu'il faisait en lui confiant Jean et l'humanité (Jn 19, 26).

L'enfant qui marche pas à pas avec sa mère ne peut tomber. Combien parmi nous en ont fait l'expérience !

Prière de Jésus

Je clos ces pages par la plus belle prière du monde. Elle s'échappa un jour des lèvres de Jésus lui-même :

En ce temps-là, Jésus prit la parole et dit : « Je te bénis, Père, Seigneur du Ciel et de la terre parce que tu as caché cela aux sages et aux habiles et tu l'as révélé aux tout-petits. Oui, Père, car tel a été ton bon plaisir » (Mt 11, 25).

Amen ! Amen !

Annexes

I

Prières
de sœur Emmanuelle

Pour de jeunes époux

Seigneur, nous te confions notre amour pour qu'il ne meure jamais.

Fais que sa source soit en toi, pour que chacun de nous cherche à aimer plus qu'à être aimé, à donner plus qu'à recevoir.

Que les jours de joie ne nous enlisent pas dans l'indifférence au reste du monde.

Que les jours de peine ne nous désemparent pas mais cimentent notre amour.

Seigneur, toi qui es la Vie,
donne-nous de ne jamais refuser la vie qui voudra naître de notre amour.
Seigneur, toi qui es la Vérité,
donne-nous de ne pas nous refuser la vérité mais de rester transparents l'un à l'autre.
Seigneur, toi qui es le Chemin,
donne-nous de ne jamais nous alourdir la marche mais d'avancer la main dans la main.

Seigneur, toi qui nous as donné Marie, ta Mère,
qu'elle soit la gardienne de la famille que nous fondons aujourd'hui.
Elle qui fut toujours fidèle, forte et tendre,
qu'elle nous garde fidèles, forts et tendres à jamais.
Amen !

J'ai composé cette prière à la demande de jeunes amis pour leur messe de mariage. Depuis, elle m'a souvent été demandée pour être lue, soit avant, soit après la cérémonie, elle est parfois insérée dans la messe. Il est préférable qu'elle soit lue par l'un des jeunes époux ou encore mieux par les deux ensemble, d'après leur désir.

Seigneur, apprends-moi à sourire

Quelqu'un m'a dit un jour :
« Donne chaque jour ton sourire.
C'est ton merveilleux cadeau d'Amour.
Il ne dure qu'un instant
mais il fait chanter le cœur. »

Seigneur, apprends-moi à sourire
comme mon frère chiffonnier...
Quelle est la source de sa Joie ?
Pourquoi ce regard lumineux
chez cet homme immergé dans l'ordure ?

Faut-il être pauvre, Seigneur,
pour savoir sourire ?

Seigneur, apprends-moi à sourire
comme l'enfant chiffonnier...
Il chante en dansant sur son tas d'ordures,
il offre à tous ceux qui passent
son beau sourire d'enfant.
Pourquoi ce sourire lumineux
chez cet enfant immergé dans l'ordure ?

Faut-il être pauvre, petit Seigneur,
pour savoir sourire ?

Mais il est des heures, Seigneur,
où mon cœur lourd, blessé, m'oppresse...

Je ne sais plus sourire.
Alors, que puis-je faire, Seigneur ?
Sinon écouter la parole de ton Fils :
« Venez à moi, vous tous qui ployez sous le fardeau
et je vous soulagerai. »

Quelqu'un m'a dit un jour :
« Donne chaque jour ton sourire.
C'est ton merveilleux cadeau d'Amour. »

Ces lignes ont été écrites un soir d'automne où la
pluie frappait les vitres et où mon cœur était lourd et
incapable de diffuser de la joie. Dans la prière, j'ai
alors compris que je devais demander à Dieu la grâce
de m'oublier moi-même ; je pourrais alors devenir la
sœur aimante de tous, préoccupée d'alléger le cœur
des autres par un chaleureux sourire !

Seigneur, donne-moi ta divine douceur

Seigneur, donne-moi ta divine douceur,
toi qui voulus être un petit enfant
enveloppé de langes,
un adolescent soumis à Marie et à Joseph,
un Messie jamais conquérant,
un Ressuscité dans le secret.

Seigneur, donne-moi ta divine douceur,
toi qui as dit : « Bienheureux les doux,
ils posséderont la terre. »
Donne-moi de saisir chaque chose avec douceur :
le téléphone et la valise,
la plume et le balai,

la fourchette et le plat,
et surtout la main qui se tend vers moi.

Seigneur, donne-moi ta divine douceur,
toi qui as dit : « Apprenez de moi
que je suis doux et humble de cœur. »
Donne-moi d'accueillir toute chose avec douceur :
le bon et le mauvais,
la joie et la peine,
l'encouragement et la critique,
l'instant tel qu'il est
et surtout l'autre tel qu'il se présente.

Vierge pleine de grâce, Vierge du sourire,
restaure en moi la divine douceur,
apprends-moi à guérir ceux que j'ai blessés,
que ta tendresse fasse surgir sur mes lèvres
les paroles d'amour qui rétablissent la paix.

J'ai écrit ces lignes en juin 1993, durant un camp avec les enfants au bord du lac d'Ismaleya. Je m'étais impatientée avec l'une des monitrices. Le soir venu, dans la douceur de la nuit d'été où la lune se baignait dans le lac, j'ai supplié Dieu de m'aider à réparer mon impatience et à me corriger, et j'ai écrit cette prière. Elle pourra peut-être servir à d'autres. Qu'ils prient alors pour cette pauvre sœur Emmanuelle qui, à quatre-vingts ans, ne pratique pas encore la divine douceur.

Seigneur, accorde-moi aujourd'hui cette grâce

Seigneur, accorde-moi aujourd'hui cette grâce :
que rien ne puisse troubler ma paix en profondeur,

mais que j'arrive à parler santé, joie, prospérité,
à chaque personne que je vais rencontrer,
pour l'aider à découvrir les richesses qui sont en elle.

Aide-moi surtout, Seigneur, à savoir regarder
la face ensoleillée de chacun de ceux avec qui je vis.
Il m'est parfois si difficile, Seigneur,
de dépasser les défauts qui m'irritent en eux,
plutôt que de m'arrêter à leurs qualités vivantes,
dont je jouis sans y prendre garde.

Aide-moi aussi, Seigneur,
à regarder ta face ensoleillée,
même en face des pires événements :
il n'en est pas un qui ne puisse
être source d'un bien qui m'est encore caché,
surtout si je m'appuie sur Marie.

Accorde-moi, Seigneur, la grâce
de ne travailler que pour le bien, le beau et le vrai,
de chercher sans me lasser, dans chaque homme,
l'étincelle que tu y as déposée en le créant à ton Image.

Accorde-moi encore d'avoir autant d'enthousiasme
pour le succès des autres que pour le mien,
et de faire un tel effort pour me réformer moi-même
que je n'aie pas le temps de critiquer les autres.

Je voudrais aussi, Seigneur, que tu me donnes
la sagesse de ne me rappeler les erreurs du passé
que pour me hâter vers un avenir meilleur.

Donne-moi à toute heure de ce jour d'offrir
un visage joyeux et un sourire d'ami

à chaque homme, ton fils et mon frère.
Donne-moi un cœur
trop large pour ruminer mes peines,
trop noble pour garder rancune,
trop fort pour trembler,
trop ouvert pour le refermer sur qui que ce soit.

Seigneur, mon Dieu, je te demande ces grâces
pour tous les hommes qui luttent aujourd'hui
                                        comme moi,
afin que diminue la haine et que croisse l'Amour,
car, depuis ta Résurrection, la haine et la mort
ont été vaincues par l'Amour et la vie.
Ouvre nos yeux à l'invisible
pour que rien n'arrive à ébranler l'optimisme
de ceux qui croient en toi
et qui croient en l'homme,
qui espèrent en toi
et qui espèrent en l'homme. Amen [13] !

J'ai écrit cette prière durant ma convalescence
après une grave broncho-pneumonie. Un ami américain m'avait envoyé une méditation de Christian
Lanson. Les heures que, très faible encore, j'ai
passées à la transformer en prière, ont ranimé mon
courage.

Quand je suis venue chez les chiffonniers, j'arrivais en « bonne religieuse », pleine de zèle pour évangéliser ces pauvres types, qu'on me disait avec mépris
être tueurs, voleurs, fumeurs et vendeurs de haschich,
ne mettant jamais le pied à l'Église.

---

13. Traduit et adapté de C. LANSON.

Mais ce sont eux, ces pauvres types, qui m'ont petit à petit évangélisée : ils m'ont éclairée sur un mystère d'amour : amour préférentiel du Christ pour les larrons et les Marie-Madeleine, amour d'espérance de ces « pauvres pécheurs » (pour eux, ce ne sont pas des mots récités) ; ils se sentent au fond d'un gouffre, ils n'arrivent pas à en sortir, mais ils ont une petite étoile : Dieu, le Très-Miséricordieux, Marie, la Mère de Miséricorde. Dans les veillées de prière, que je vais faire parfois chez les uns ou les autres, ce sont des cris vers le Christ Sauveur.

Depuis cette expérience de vie, Dieu m'a fait la grâce de comprendre tout ce qu'il y avait de pharisien en moi et combien au fond je suis de la même chair et du même sang et si je n'ai jamais tué, volé, ou vendu du haschich, fait le trottoir pour attendre un « client », c'est pour moi une heureuse grâce, mais si j'avais été dans les mêmes conditions, j'aurais été comme eux... et le Seigneur aurait eu pitié de moi. Alors, ma prière a changé.

Seigneur, me voici devant toi

Seigneur, me voici devant toi
avec les hommes et les femmes qui me ressemblent
comme des frères et des sœurs :
les pauvres types qui voudraient bien en sortir
mais qui n'en sortent pas : les drogués, les paumés,
tous ceux qui n'arrivent pas à résister au mal,
qui volent et qui tuent,
tous ceux qui ont perdu la foi, l'espérance, la charité...
et qui en souffrent.
Seigneur, tu nous regardes encore

127

de ce regard d'amour
que tu as jeté sur la femme adultère,
sur la Samaritaine, sur Marie-Madeleine,
sur le brigand pendu près de toi.
Des profondeurs où nous sommes enfoncés,
Seigneur, nous crions vers toi :
sauve-nous, puisque tu nous aimes.

Seigneur, tu l'as dit,
tu n'es pas venu pour les justes,
mais pour les pauvres,
pour les malades, pour les pécheurs,
pour nous, pour moi.

Seigneur, je nous confie tous à toi,
car je suis sûre de toi,
je suis sûr que tu nous sauves,
je suis sûre qu'à chacun de nous, les pauvres types,
tu vas dire, le jour de notre mort,
la même parole qu'au brigand pendu près de toi :
« Tu seras ce soir avec moi
dans le paradis » (Lc 23, 43),
car il y aura un soir où tu nous revêtiras de toi.

Toi qui es Dieu et qui es devenu un pauvre homme.
Comme nous tu as eu faim et soif,
comme nous tu as eu peur et tu as pleuré,
comme nous tu es mort,
ton pauvre corps a été mis dans la tombe,
comme le sera le nôtre,
et tu en es sorti transfiguré,
comme nous en sortirons un jour.
Mon bien-aimé, avec toi la mort est belle,
la Résurrection nous attend. Merci.

II

Avec Jean-Paul II

Acte d'abandon à la miséricorde
Prière du pape Jean-Paul II
à l'occasion de ses soixante-cinq ans, en 1985

Seigneur, voilà plus de soixante-cinq ans que tu m'as fait le don inestimable de la vie et, depuis ma naissance, tu n'as cessé de me combler de tes grâces et de ton amour infini. Au cours de toutes ces années se sont entremêlés de grandes joies, des épreuves, des succès, des échecs, des revers de santé, des deuils, comme cela arrive à tout le monde. Avec ta grâce et ton secours, j'ai pu triompher de ces obstacles et avancer vers toi. Aujourd'hui, je me sens riche de mon expérience et de la grande consolation d'avoir été comblé de ton amour. Mon âme te chante sa reconnaissance.

Mais je rencontre quotidiennement dans mon entourage des personnes âgées que tu éprouves forte-ment : elles sont paralysées, handicapées, impotentes et souvent n'ont plus la force de te prier, d'autres ont perdu l'usage de leurs facultés mentales et ne peuvent plus t'atteindre à travers leur monde irréel. Je vois agir ces gens et je me dis : « Si c'était moi ? » Alors, Seigneur, aujourd'hui même, tandis que je jouis de toutes mes facultés motrices et mentales, je t'offre à l'avance mon acceptation à ta sainte volonté, et dès maintenant je veux que si l'une ou l'autre de ces épreuves m'arrivait, elle puisse servir à ta gloire et au salut des âmes. Dès maintenant aussi, je te demande de soutenir de ta grâce les personnes qui auraient la tâche ingrate de me venir en aide.

Si, un jour, la maladie devait envahir mon cerveau et anéantir ma lucidité, déjà, Seigneur, ma soumission est devant toi et se poursuivra en une silencieuse adora-tion. Si, un jour, un état d'inconscience prolongée devait me terrasser, je veux que chacune de ces heures que j'aurai à vivre soit une suite ininterrompue d'actions de grâce et que mon dernier soupir soit aussi un soupir d'amour. Mon âme, guidée à cet instant par la main de Marie, se présentera devant toi pour chanter tes louanges éternellement. Amen.

Le vieux berger

Le vieux berger est tout courbé, appuyé de tout son poids sur son bâton. Mais il continue à marcher, en tête du troupeau. Il peine, mais il marche...

Vient le jour où le vieux berger n'en peut plus de marcher. Il tombe et se relève, et il tombe encore et se relève encore, comme avant lui un autre berger... et jusqu'au bout de son souffle, le vieux berger crie aux brebis que la vie est plus forte que la mort, que l'amour est plus fort que la haine... Il dit aussi qu'il n'y a pas de plus grand amour que de donner sa vie pour ceux qu'on aime, comme avant lui un autre homme Jésus.

Lettre de Jean-Paul II à sœur Emmanuelle

À l'occasion de la fête de la Nativité et du Nouvel An, vous m'avez adressé vos vœux chaleureux et manifesté votre reconnaissance pour l'encyclique *Veritatis splendor*. Vous m'avez aussi assuré de votre prière pour l'Église. Je vous remercie vivement de votre délicate attention et je voudrais vous exprimer ma gratitude et celle de toute la communauté chrétienne pour ces longues années d'inlassable labeur au service des plus pauvres, particulièrement en Égypte.

Dans votre mission humble et tenace, vous avez œuvré, sans relâche, en faveur des droits des plus faibles et pour la protection et le bien-être de l'enfance, spécialement de celle qui vit dans des conditions difficiles ou dans des pays défavorisés. Vous avez permis à de nombreuses personnes et à de multiples familles, souvent rejetées par la société moderne, de retrouver leur dignité et d'être reconnues et aimées. Ainsi, vous avez montré, comme le dit saint Grégoire de Nysse, que les pauvres « ont revêtu le visage de notre Sauveur » ; et vous avez été une ambassadrice infatigable de la sollicitude du Christ et de son Église pour les plus petits d'entre nos frères, en promouvant chacun par le travail, l'éducation et l'insertion dans la communauté humaine, pour lui permettre de devenir plus libre et plus responsable de sa destinée. Par là, vous invitez toute l'Église à s'engager inlassablement dans des œuvres de charité pour faire de notre monde une communauté toujours plus juste, plus fraternelle et plus solidaire.

Tandis que vous vous consacrez désormais au service de la prière, pour la gloire de Dieu, pour l'Église et pour le salut du monde, je forme à votre intention des vœux fervents, afin que le Christ Sauveur, Prince de la paix, vous comble de ses grâces et vous donne de poursuivre votre existence dans la paix et la joie.

En vous confiant à l'intercession de la Vierge Marie, je vous accorde de grand cœur ma Bénédiction apostolique et l'étends volontiers à ceux qui vous sont chers, spécialement ceux qui poursuivent l'œuvre que vous avez entreprise.

Du Vatican, le 24 février 1994.

Bibliographie

Livres écrits par sœur Emmanuelle

- *Chiffonnière avec les chiffonniers,* Paris, Les Éditions ouvrières, 1977.
- *Yalla, en avant les jeunes,* en collaboration avec Françoise Huart, Paris, Calmann-Lévy, 1977.
- *Le paradis c'est les autres,* en collaboration avec Marlène Tuininga, Paris, Flammarion, 1995.
- *Jésus tel que je le connais,* Paris, Flammarion, 1996.
- *Richesse de la pauvreté,* en collaboration avec Philippe Asso, Paris, Flammarion, 2001.
- *Vivre à quoi ça sert ?,* en collaboration avec Philippe Asso, Paris, Flammarion, 2003.
- *La prière du pauvre,* Paris, Éditions de l'Emmanuel, 2005.

Opuscules

- *La foi des chiffonniers,* Mesnil-Saint-Loup, Le Livre ouvert, 1988.
- *Les mots du rosaire,* Arles, Actes Sud, 2001.
- « Chemin de Croix », *Panorama,* 2002.

Ouvrages sur sœur Emmanuelle

- *Sœur Emmanuelle,* par Paul Dreyfus, Paris, Le Centurion, 1983 : écrit par mon cousin ; une des meilleures biographies, proche de la réalité, excellente analyse de l'environnement.
- *Les fumées bleues du Caire,* par Jean Duverdier et Michèle Blimer, Paris, ASMAE, 1987 : bande dessinée, pleine d'humour.
- *La force cachée,* Paris, ASMAE, 1988 : album d'images sur les chiffonniers du Caire, sœur Emmanuelle et sœur Sara.
- *L'aventure de sœur Emmanuelle,* par Thierry Desjardins, Paris, LGF, 1994 : biographie très vivante, pleine d'humour, quelque peu romancée.
- *Sœur Emmanuelle,* par Pierre Lunel, Paris, Fixot, 1994 : biographie vivante, style pittoresque.
- *Sœur Emmanuelle. Secrets de vie,* par Pierre Lunel, Paris, Anne Carrière, 2000 : deuxième enquête, dans un nouvel éclairage, un peu léger et simplificateur.
- *Sœur Emmanuelle,* par Edmond Blattchen, Liège, Éditions Alice, 2000 : vivant dialogue, nuancé, profond.
- *La folie d'amour,* par Sofia Stril-Rever, DDB, 2005 : dialogue avec sœur Emmanuelle avec envolées sur le mysticisme et les grands mystiques chrétiens et juifs du monde entier.

Table des matières

*La maquette de cet ouvrage a été réalisée
par Paul Röhken
pour le compte des Éditions de l'Emmanuel*

Achevé d'imprimer sur rotative
par l'Imprimerie Darantiere à Dijon-Quetigny
en juillet 2005

Dépôt légal : juillet 2005
N° d'impression : 25-0923

Imprimé en France